JN048622

老いて、自由になる。

智慧と安らぎを生む「禅」のある生活

全生庵住職
平井正修

GENTOSHA
幻冬舎

老いて、自由になる。

智慧と安らぎを生む「禅」のある生活

はじめに

私は、東京・谷中《やなか》にある「全生庵《ぜんしょうあん》」という臨済宗《りんざいしゅう》の寺の七世住職を務めています。簡単に言えば、禅宗《ぜんしゅう》の「お坊さん」です。

大学を卒業してすぐに、静岡県三島市の龍澤寺《りゅうたくじ》専門道場に入山し、約一〇年間の修行生活を経て下山。その後、全生庵に入り、今に至ります。

読者のみなさんからすると、禅僧という私の仕事は特殊なものに感じられるかもしれません。しかし、同じ一人の人間として、この世に生きております。どれほど修行を積んでも、悟《さと》りの境地などまだまだ遠く、みなさんと同じように日々悩み、ときにうろたえながら生きています。

あらためて私が言うまでもありませんが、二〇二〇年(令和二年)は人類にとって大変な年となりました。新型コロナウイルスによる世界的パンデミックと、身近に迫《せま》る死の恐怖。しかも、それは突然やってきました。

その数か月前までは、私の耳に届く人々の不安は、もっぱら「生きること」についてでした。おそらく多くの人が「八〇歳くらいまで元気に活動できたらいいなあ」みたいに考えていたところへ、人生一〇〇年時代とやらが到来したからです。

そんなに長い人生を、仕事がなくなった後にどうやって生きていけばいいのか。お金もない、頼れる人間関係もない、なにより自分自身がどこまでしっかりしていられるか心許《こころもと》ないというのに……。「老い」に対する漠然《ばくぜん》とした不安が、常に周囲を漂っていました。

そうした「長生きゆえの苦悩」に翻弄《ほんろう》されていたところへ持ってきて、この新型コロナの流行。「いつ罹患《りかん》するかもわからない」「仕事がなくなるかもしれない」、さらには、「いつ死ぬかもわからない」という状況が生まれたのです。実際、悲しいことに、新型コロナウイルスによる肺炎の患者さんの中には、信じられないほど急激に症状が悪化し亡くなられてしまうケースもあるようです。**私たちは一気に、「長生きも不安、死も不安」という混乱の時代に放り込まれてしまった**のです。そして、その出口はまだまだ見通せません。

自然災害が多発傾向にあったとはいえ、長い間、日本人は平和に暮らしてきました。しかし、当たり前だと思っていた日常が、いかに貴重なものであったのかを、今回の惨禍《さんか》で思い知ることになりました。

でも、私たちは、どのような状況からもなにかを学べるはずです。

いきなり身近になった様々な不安とどう対峙《たいじ》すればいいのか。

「老いる」という不安の中で、充実した生をまっとうするには、なにが必要なのか。

本書では、「生きること」と「死ぬこと」について、〝お釈迦様《しゃかさま》が最期に伝えた〟と言われる『遺教経《ゆいきょうぎょう》』という教えを学びながら、みなさんと一緒に考えてみたいと思います。

目次

第二章 人生は「転」

第三章 心を調える《遺教経《ゆいきょうぎょう》の教え》

第四章　禅的生活

ブックデザイン　長坂勇司
構成　中村富美枝
イラスト　うてのての

第一章

生きること、死ぬこと

遠ざかっていただけの「本来」

——私たちの命は永遠ではない

ＳＡＲＳ、ＭＥＲＳなど、これまでも何度か世界的な疫病はあったものの、日本は大きな被害を受けずにきました。しかし、今回の新型コロナウイルスはそうはいきませんでした。

世界各地で、感染者数や死亡者数が爆発的に増えました。日本は比較的（第一波においては）少ないと言われているものの、日本人がもともと持っている清潔な生活環境や、優れた医療制度をもってしても、守れなかった命がたくさんありました。そのことに衝撃を受けている読者もいることでしょう。

私たちの命は永遠ではなく、人は必ず死ぬ――。それは誰もが頭では理解しています。しかし、「こんな形ではないはずだ」という動揺が、人々の間に広がっていったように思います。

しばらく「確たる治療法がない」「治験段階の薬もあるが、自分がそれを投与してもらえるかもわからない」「そもそも、検査自体を受けられない人もいるようだ」といった状況であったため、不明瞭で不平等な対応への不安感が、人々の恐怖を増幅しました。

現代の日本人にとって、新型コロナウイルスの蔓延《まんえん》および、それに対する国や国民の無力さは受け入れがたく、特別で例外的で、まさに想定外の出来事となりました。

しかし、あえて言えば、**これが、本来の形です。**

こういうことは**地球上で繰り返し起きていて、**今回もそうだっただけです。

疫病だけでなく、自然災害でも、私たちは簡単に命を落とします。生まれたばかりの赤ちゃんや、結婚したばかりの伴侶を一瞬にして失ってしまう人が、今この瞬間も地球上にたくさん存在します。

同じ列車事故に巻き込まれても、かすり傷で済む人と、重篤《じゅうとく》な後遺症を負う人がいます。私も、昨日まで元気だった友人を交通事故で亡くした経験があります。

こうしたことを、人は「運」という言葉で表現しますが、おそらく「定め」なのだと思います。

もちろん私は、「だから絶望せよ」と言いたいのではありません。

命とは、もともとそういうものだということです。

戦争中は、誰もがもっと死を身近に感じていたと思います。地震や台風などの災害に遭われた人もそうでしょう。あるいは、絶えず飢えていた私たちの遠い祖先は、いつも死と隣り合わせで暮らしていたはずです。

私たちは、たしかに進化しました。しかし、本来の形はなにも変わりません。私たちは一つの保証もない中で生きています。**今こうして生きているのは、当然のことではない**のです。

私たちの「無力」

――「諦める」ことで前に進む

手強い新型コロナウイルスに対して、あなたができたことはなんでしょう。私の場合、丁寧な手洗いや、マスクの装着くらいしかありませんでした。でも、もともと、私たちにできることなど、そんなに多くはないのです。

医療関係者が最大限の努力をされていることに本当に頭が下がりますが、それでも多くの人が亡くなりました。これは新型コロナウイルスによる肺炎に限ったことではなく、予後の悪いがんや心筋梗塞の発作など、誰がどう頑張っても助けられない命というものがあります。

国や自治体に対して、「対応が遅い」と怒りをぶつける人たちもいました。あるいは、活動を自粛しないで動き回る人を許さない「自粛警察」なるものも現れました。

おそらく、誰が悪いわけでもないでしょう。みんな、その立場で精一杯やっているのだと思います。しかし、私たち人間がどれほど精一杯やってみても、どうにもならないことが世の中にはたくさんあります。

ところが、私たちは長い間、便利な文明社会を生きてきたために、「どうにもならないことなどない」という勘違いをしてしまったのかもしれません。とくに、職場や学校では、「努力すればなんとかなる」ということが、当然のように言われてきました。

でも、今回のコロナ騒動で、その大前提が崩れたわけです。**どうにもならないことはあるのです。**

現代人に欠けていて、ゆえに現代人を不幸にしている要素の一つが「諦《あきら》め」です。**諦めることは、とても大切です。**

諦めるというと、多くの人が敗北感を抱き、悪い方向へ考えます。しかし、「諦める」の語源は「明らむ＝明らかにする」。仏教では、**「物事の理（ことわり）をはっきりした上で、その理に合わないことを捨てる」という意味**があります。つまりは、いらないものを捨てるだけの話です。

たとえば、愛する異性がいて、どうしても自分のほうを見てほしい。でも、その人がこちらを愛してくれないのであれば諦めるしかありません。このとき、しつこく追い回しても嫌われるだけ。そして、自分の人生を無為に送ってしまうだけ。それは物事の理にかなわないことです。だから、諦めるのが正しいのです。

命に関しても同じことが言えます。

「あのとき、もっと注意していれば助かったかもしれない」

「もっと、いい治療が受けられたら助かったかもしれない」

大切な人を失ったら、こうした思いは残ります。しかし、少し冷たい言い方になるかもしれませんが、それもまた諦めるしかないのです。受け入れて前に進むことです。

「いずれ死ぬ」と知っていれば、きちんと生きていける

――「人生一〇〇年時代」になにを信じればいいのか

現代は「超」がつく情報社会です。一日テレビをつけっぱなし。インターネット中毒。どちらも、意識的に遮断しないと、向こうからどんどん入ってくる情報に飲み込まれてしまいます。

もちろん、正しい情報は大切です。たとえば、「新型コロナウイルスはエンベロープという膜《まく》に覆《おお》われており、石けんで手を洗うと、その膜が壊れてウイルスを退治できる」というのは、私たちが知っておいて損はない情報です。

一方で、「〇度のお湯を飲むとウイルスが死ぬ」とか「納豆を食べるといいら

しい」といった、どう考えたって眉唾《まゆつば》な情報がネットを中心に飛び交いました。
また、「マスクと原料が同じだ」というデマ情報によって、トイレットペーパーがスーパーから姿を消しました。

情報は、ときとして私たちを愚かな行動に走らせます。私たちは、あまり多くのことを知る必要はありません。基本的なことだけわかっていればいいのではないでしょうか。前述した件でも、エンベロープうんぬんは知らなくても、「石けんで手をよく洗うことが大事だ」ということだけ知っていれば充分でしょう。

では、私たちが知っておくべき最も基本的なことはなんでしょう。

それは、「誰もがいずれ死ぬ」ということです。死はどんな偉人にもお金持ちにも必ずやってくるもので、誰一人あらがうことはできません。

これほど確かなことはなく、だからこそ私たちは、生きている今日という一日の大切さがわかるのです。**「いずれ死ぬ」ということさえ知っていれば、きちんと生きていける**と言っても過言ではないでしょう。

ところが、情報化時代には、「もっと考えなければならないことがあるよ」と外野から絶えずせっつかれます。あたかも、その情報について無知でいると、大変なことになるかのようです。

　最近では、「人生一〇〇年時代」がまさにそれにあたります。

「あなたは一〇〇歳まで生きなければならない」

「そのためのお金を用意しなければならない」

「一〇〇歳までボケずにいなければならない」

　あちこちで「専門家」を名乗る人たちが脅《おど》していましたね。もしかしたら、あなたも慌ててしまった一人かもしれません。

　でも、これ、いったいどこまで本当なのでしょう。今回のコロナ禍で、すでに怪しくなっていると私は思うのですが。

　もちろん、一〇〇歳まで生きる人もたくさんいるでしょう。一方で、一〇〇歳までの準備に追われながら七〇歳前に亡くなる人もたくさんいるはずです。

　自分がどうなるかなど、誰にもわかりません。そんな不確実なことを拠《よ》り所《どころ》に人生を送るのはやめましょう。

死の正体
――それは、平等に、突然訪れるもの

多くの人は、年齢を重ねることによって「死に近づいている」と考えます。だから、**あるときふと自分の年齢を根拠に、死を意識し始め、恐怖を覚える**のです。それが「老いる」ということかもしれません。

しかし本当は、死は、そんなふうに訪れはしません。

「自分はまだ五〇歳だから、八〇歳の伯父よりも死から遠い」というのは、当然のようでいて、実はまったくあてにならない推測です。

そもそも私たちは、〝今このとき〟を生きているにすぎません。一日一日を生

きていて、その一日一日が積み重なって一年となり、たとえば六五歳だった人が六六歳になるというだけのことです。

そして、同じように〝一日を送っていたあるとき〟死にます。**死というのは、年齢と共に徐々に近づいてくるのではなく、突然、訪れるもの**です。

もちろん、進行がんの余命宣告を受けているようなケースでは、徐々に死が近づいているという感覚に襲われるかもしれません。しかし、その人もまた、死ぬ瞬間までは生きていて、やはり死は突然に訪れます。

ましてや、交通事故や突然の心臓発作なら、本人は「このまま死ぬかも」ということすら思い浮かべることなく死んでしまうかもしれません。

出先で倒れたりすれば、最期を家族に看取《みと》ってもらうこともできないでしょう。しかし、死んでいくほうとしては、案外そんなことはどうでもいいのだと思います。ただ、自分が死んでいくという事実があるのみです。

死は、本人よりもむしろ「残される側」にとってやっかいなものです。

とくに、「看取れなかった」という思いは、家族を苦しめます。新型コロナによる肺炎のような感染症では、家族とて最期に立ち会うことができず、それを知った人は当事者ではないのにたいへん心を痛めました。

ある緩和ケアの病院では、家族が揃《そろ》うまでは「ご臨終です」と言わないようにしているそうです。すべて、〝残された者たちのため〟に、〝今生きている人間が〟やっていること。亡くなった本人は、なにも関係ありません。

お釈迦様《しゃかさま》は、「犀《さい》の角のようにただ独り歩め」と言っています。基本的に犀は群れることのない動物であり、**人間もそのように一人で道を開いていけ**ということです。**仏教は「孤独」をすすめている**のです。

私たちの悩みの多くは、人間関係によってつくられます。ですから、**少し一人になる時間をとることで、そこから離れ、心を調えよ**と教えているわけです。

それでも、なかなか人とのつながりを減らしていくことができないのが、人生です。死をもってして、はじめてそれが完結するのかもしれません。

だから、もしあなたが大切な人を看取れなかったとしても、それを苦にすることはありません。あなたの愛する人は、立派に一人で旅立っていけたのですから。

あの世があると思うのも、一つの手

——すべての人に死が訪れるからこそ

私たちはみんな、**例外なく死にます**。そして、どれほど大勢に囲まれていても**一人で死んでいきます**。となれば、それをそのまま受け入れる以外に方法はありません。

とはいえ、私も達観できているわけではありません。だって一度も死んだことがないのですから、わからないことだらけです。

仏教では、地獄《じごく》や極楽《ごくらく》という概念を用いて人の生き方を説くことがあります。

しかし、それを語っているお坊さんとて、誰一人、実際に地獄や極楽を経験しているわけではありません。どんなに偉いお坊さんでも、あくまで想像で言っているにすぎません。

死ぬ瞬間は苦しいのか。死んだらどうなってしまうのか。経験した上で正解を与えることは誰にもできないわけですから、そんなことを考え始めると、ちょっと落ち着かない気分になります。

ただ、人生の先輩たちがみんな通っていった道なのだから、あなたも私も、なんとか無事に死ぬことはできるでしょう。

禅宗では「あの世」というものに言及してはいませんが、かといって否定しているわけでもありません。

禅宗のお坊さんの葬儀を「津送（しんそう）」と言います。これは、亡くなったお坊さんを港へ送り、船出させるという意味を持っています。

「あらゆるところ」を意味する「津々浦々《つつうらうら》」という言葉がありますね。このときの「津」は港を、「浦」は入り江などの海岸線を指しています。海に囲まれた日本列島ならではの表現と言えます。

実際に、日本には「津」がつく地名が多くあります。それはたいてい海や川、湖などに面した場所で、かつては港がありました。

たとえば、滋賀県の大津は琵琶湖《びわこ》に臨み、千葉県の内房《うちぼう》沿いには木更津《きさらづ》、君津《きみつ》、富津《ふっつ》という地名が並んでいます。全生庵のある谷中の近くの根津も、今は海からはかなり遠いですが、昔は海のすぐ前でした。

「津送」とは、津に送ること。この世での、人々を教えに導く「教化（きょうけ）」を終え、また次の新しい場所へ船出させる。――これが、禅宗のお坊さんの葬儀であり、**「この世から次の場へ送る」**ということをしているわけです。

本当にあの世があるかについて、エビデンスはどこにもありませんが、想像してみるのは悪くありません。

全生庵の檀家《だんか》に、帯津《おびつ》三敬《さんけい》病院の名誉院長である帯津良一先生がいます。帯津先生はホリスティック医学の専門医として、末期がんの患者さんなどの治療にあたっています。

その先生が言うには、同じように余命宣告を受けていても、**「あの世というも**

のがあるらしい」と捉えている患者さんのほうが、**「死んでしまえばなにもかもが終わり」**と考えている患者さんよりも、**治療成績がいいそうです。**

であるならば、「死んだら、あの世で可愛がってくれた両親に会えるんだ」と考えたりするのは、決して無駄なことではないでしょう。

落語のネタに、**「帰ってきた人がいないところを見ると、あの世は悪いところじゃないらしい」**というのがありますが、そんなおかしみのある考え方もいいと思うのです。

老いるとはなにか

――身体は衰えるも、心は豊かになる

禅宗では、よく「心身《しんじん》」と言います。私たち人間は、「心」と「身体《からだ》」でできているということを表しています。

ただ、そのバランスは一定ではありません。

赤ちゃんのときには、「心」と「身体」のどちらの比重が大きいかといえば、目に見える肉体の比重が大きい。赤ちゃんもいろいろと感じたり考えたりしているのかもしれませんが、話すことによって自分の意思を表示することはできません。

そこから、「心身」がだんだんと大人へ育っていき、おそらく成人してからし

ばらくした二〇代半ば頃に、だいたい「心」と「身体」が均等になるのではないでしょうか。この頃は、最も気も満ちているし、それを行動に移せる体力もあります。「徹夜して仕事を片づけてしまおう」と思えば、実際にそれがしやすい年代です。

ところが、四〇代ともなってくると、少し無理が利かなくなります。徹夜などしようものなら、翌日に疲れが残っていたりする。あきらかに、「心身」の比重に変化が出てくるのです。それでも、四〇代はまだ余裕があります。私自身そうでしたが、「いやいや、年だね」と笑っていられました。

それが、五〇歳を越えたあたりから、なにかが違ってくる。「あれ？」が増えてきて、あるときやっと、「そうか、そういうことか」と気づくのです。

この気づきを得た当初は、なんとも寂しいものです。いくら「まだまだ若いぞ」と自分に言い聞かせてみても、身体はついてきません。それに、周囲も五〇歳過ぎた人間を四〇代と同じようには見てくれません。

つまり、本人がどうあがいてみたって、「心」と「身体」を比べたら、肉体のほうの比重は、どうしようもなく小さくなっているのです。

人は、こうした状態になると「老いた」と感じますね。**肉体の衰えこそが「老い」**だと思うわけです。

しかしそれは、精神の比重が大きくなること。

であるならば、**心は老いていないのかもしれません。むしろ、豊かになっていく可能性を秘めているのではないでしょうか。**

たとえば「散りゆく花の美しさ」は、若かったときよりも歳を重ねてから理解できるものではないでしょうか。「歳をとって、花の写真を撮るのが好きになった」という年配の方の話はめずらしいことではありません。芽吹き、つぼみを持ち、咲き誇り、散る。どの瞬間も愛でることができるのは、人生の悲喜こもごもを経験してきたからこそ、ではないかと思うのです。**「衰え」を我が身で感じられるということは、素晴らしいことだと考えてみましょう。**

「肉体が衰えたからこそ、心が豊かになる」と考えて、これからを生きてほしいと思います。

ただ、そこに、そのときの、命がある

――花や、動物から学べること

花は、ただ咲いています。自分の種が蒔《ま》かれたところに咲いています。誰に褒《ほ》められたいわけでもなく、黙って咲いています。

それは、道端のタンポポも、花農家で大事に育てられたバラも変わりません。どちらがいいというものでもありません。

タンポポは、その種が風に舞って、今度は川の土手に新しい命を誕生させることもあるでしょうし、その前に自動車の車輪に踏み潰《つぶ》されてしまうかもしれません。

バラは、あるときまで大事に育てられるものの、切り花として売られていく定めにあります。

どういう花の生涯を辿《たど》るかについて、花たちはまったく意見を言わず、ただ命ある限り咲いていています。

犬や猫、小鳥などの動物も同様です。

ペットとして飼われていれば、エサや水は与えられるでしょう。でも、いきなり飼い主が倒れてしまったらどうなるか。鎖でつながれたりカゴに入れられたりしていれば、自分でエサにありつけることなく死んでしまうでしょう。一方で、野良猫なら日頃の苦労は多いけれど、そういうときの応用は利きそうです。

野鳥の雀《すずめ》は二年くらいしか生きられないそうですが、自由に空を飛んでいます。一方で、大切に室内飼いされている小鳥たちは、限られた空間の中だけで一〇年近く生きるものも多いようです。

しかし、**どちらがいいのでも、悪いのでもありません。**

彼らは、与えられた状況の中で、ただそのときを一生懸命生きています。それしかできないし、それしか必要ないからです。

人間もまた同じです。

民主主義国家に生まれた私たちは、自分の人生のあらゆることについて、自由に決定していくことができます。大学に進学するもしないも自由だし、就職先も自分で選べばいいし、誰と結婚しようと独身を貫こうと、文句を言われる筋合いはありません。

このように**私たちは、なんでもできますが、しかし、できないこともあります。**それについては諦めねばならないのです。

たとえば、裕福な家に生まれて、子どものときからパリコレのモデルになりたいと思ってきた、標準的な体型の女性がいるとしましょう。

しかし、どれほど努力しても、パリコレのモデルになれる可能性は非常に低い。

そもそも、モデルという仕事の中でも世界トップクラスのそれになるには、想像を超えるような血のにじむ努力が必要でしょうが、持って生まれた骨格などにも左右されるものですから、努力だけではどうにもならないということもあります。そういうときは、諦めるしかない、というのが現実でしょう。

あるいは、温かい家庭を築いて平凡に生きていくことを望んでいただけの人が、三〇代で不治の病に冒《おか》されてしまい、幼い子どもを残してこの世を去らねばならないことだってあります。

むごいことですが、現実としてそういうことは起こります。

しかし、こういう〝現実のむごさ〟に対して過剰に反応するのは、当人よりも周りの人だったりすることもあります。「きっとつらいだろう」「きっと苦しいだろう」と想像して、本人以上に悲しんだり、落ち込んだりしてしまう人はたくさんいると思うのです。もちろん、人のことを思いやる心は大切ですし、素晴らしいことです。

でも、もしあなたが〝誰か〟に対してそう思ってしまったら、少し冷静になってほしいのです。

その人は、その人だけの現実の中で、その人なりの咲き方をした。そのことに心を向けてください。

すべてが、あなたの価値観の中で、あなたの理想のシナリオで進むわけではありません。それが、「命」というものです。あなたが考えている「幸せの構図」は、現実ではなく、想像上のものです。

ですから、**もし目の前で、あなたの大切な人が、自分の人生で苦しんでいるのであれば、その人の「今」を誇りに思ってあげてほしいのです。**

たとえばもしその人が、あなたよりずっと若くして命を失ってしまったのだとしても、その人の不幸を嘆くのではなく、その人が生きていた時間をそのまま認め、大切に思い返してあげるのがいいのではないかと思います。

生きようと思わなくても生きている

——だからこそ、日々を丁寧に

大切な肉親を突然の事故で失うような、とてつもないショックを受けると、人は生きる意欲を失います。「もう、私もこのまま死んでしまいたい」と本気で思ったりします。しかし、そう思っていても死にません。なぜなら、心が働きを止めてしまっても、肉体は動いているからです。

心が生きることを放棄していても、心臓は動いています。息をしているだけで時間の経過と共に喉《のど》が渇き、お腹は空いてきます。眠気にも襲われます。こうして肉体は、「生きる」ことを続けているのです。

だから、私たちは**普段から、生きるということをあまり複雑に捉《とら》えなくても、「そのまま自然に」していれば大丈夫**です。

ただ、この「自然に」が、なかなか難しいのですね。

私たちお坊さんが修行をするときに、**「帰復自然《きふくじねん》」**ということを言われます。**簡単に言うと「自然に帰る」**ということです。

修行というと、厳しくつらいことに耐えてこそ得られるものがあると考える人が多いでしょうが、それよりも重視されるのが帰復自然なのです。自然に帰ることができないと、自分の声も聞くことができないからです。

卑近な例で言うと、私の場合、一杯目のビールが美味しく感じられないとしたら、体調が悪い証拠です。そんなときは、食事も軽く済ませて早めに眠ります。そういう体の声を聞くことも、帰復自然の大事な要素です。

帰復自然に求められるのは、日常的なことに、丁寧に心を尽くすこと。

朝になれば起きて、身支度をしたり食事をしたり……そうした事柄に、自分と対峙するチャンスがたくさん秘められているのです。

帰復自然ができれば、生きるということはとてもシンプルになります。花や動物たちのように、**そのときを精一杯、生きられるようになります。**それを、自分の心身が欲しているとわかるからです。

ところが、現代人はそうした自分の感覚よりも「なにをやらなければならないか」を優先して動いています。

「健康のためにランニングをすべきだ」と思ったら、体の声を聞くよりも先に走りに出ます。でも、もしかしたら体は「歩くだけで充分だよ」と言っているかもしれません。

帰復自然を基本に置けば、あえて「なにかしなければ」と考える必要はなくなります。「手帳が予定で埋まっていないと不安」と言う人がいますが、本当に「しなければならないこと」がないなら、自分の気の向くままに読書したり散歩したりと素敵な時間を過ごしましょう。

それでいいのですよ。

ネガティブは悪くない

――人は、不安は感じやすいのに、安心はキャッチしにくい

これまで述べてきたように、**死は忌避《きひ》すべきものではなく、むしろ、この世の最も確かな現象**です。亡くなっていく人は、その定めに従っているにすぎません。

しかしながら、まだ生きている私たちは、死について割り切ることは難しい。

自分の病や死について想像すれば、とても不安な気分になります。

私たちはみんな、いずれ死んでいくのですが、そんなことは考えたくない。考えたくないけれど考えてしまう。その繰り返しです。

でも、それもまたいいでしょう。

私たちはもともとネガティブにできており、そういう自分を受け入れてあげることも必要です。

もともと人間の脳には、意識するとしないとにかかわらず、ずっと大量の言葉が流れているそうです。専門用語で「マインド・トーク」といって、それらはだいたいネガティブなもの。つまり、四六時中、不安を喚起するような言葉に自ら晒《さら》しているのが人間なのです。

しかも、そうした言葉は「なんとなく、どんどん」流れてくるために、不安の正体は明確にはなりません。「お金のことが不安」「健康のことが不安」というところまでは認識していたとしても、「では、いつ、いくら足りなくなるのか」「どんな病気について問題を抱えているのか」となると、とたんにあやふやになっていきます。明確になったならそれは、もはや〝不安〟ではなく、〝対処可能な現実〟です。

このように、**人間は漠《ばく》とした不安世界に生きています。**

そもそも私たちは、どこかが痛いとか熱が高いとかいった病的状態はわかるけれど、「健康であるという状態」はわかりませんよね。

それと同様に、**不安は感じやすいのに、安心はキャッチしにくいのです。**

だとしたら、「そういうものだよね」と思うしかありません。

無理にポジティブに考えようとする必要はありません。だって、ポジティブに考えられないからネガティブになっているのです。そんな自分に対して、「もっとポジティブに」と強要するのは酷《こく》でしょう。やればやるほど意識がそこに行ってしまい、「やはり自分はネガティブなのだ」という結論に至ってしまいます。

自分が、「安心していられる」「ポジティブでいられる」というところに立脚しようとすると、「こんなはずじゃない」という「予想外れ感」が強くなります。そのことが、さらに漠然とした不安を呼ぶわけです。

最初から「思うようにはいかないよね」「だって、ネガティブなんだもん」と構えていれば、たいていのことは容認していけるでしょう。

「日日是好日《にちにちこれこうじつ》」の意味を言えますか？

――来てもいない明日のことより、「今日」を大切に

床の間の掛け軸や色紙などによく書かれる「日日是好日《にちにちこれこうじつ》」という言葉。もともとは『碧巌録《へきがんろく》』という中国宋代に編纂《へんさん》された禅の書物に出てくる禅語です。一般にも広く知られていますが、私たち禅僧にとっては重要な「公案《こうあん》」（禅宗においで悟りを開くために師から弟子に与えられる問題）の一つです。

中国の唐代末期に雲門《うんもん》禅師という禅僧がいました。雲門宗《うんもんしゅう》という禅の宗派の祖となった名僧です。

この雲門禅師が、ある日弟子たちにこんなことを言いました。

「十五日已前《いぜん》は、汝に問わず。十五日已後《いご》、一句をいいもち来たれ」

十五日という表現は、気にしないでいただいて結構です。簡単に言うと、「昨日までのことは一切問わない。今日これから、どういう心で一日一日を過ごしていくか、一句言ってみなさい」ということです。

ところが、この問いに誰一人答える者がいなかったので、雲門禅師が自ら弟子たちに代わって述べたのです。

「日日是好日《にちにちこれこうじつ》」

これをそのまま受け取れば、「毎日毎日が大変に好《よ》い日である」という意味です。しかしながら、この「好い」というのがちょっと問題なのです。

「今日はいい天気ですね」と聞けば、十人中十人が、外を見なくても「今日は晴れているな」と思い、「今日は天気が悪いですね」と聞けば、やはり外を見なくても「今日は雨だな」と想像するでしょう。

でも、この**「いい」「悪い」は私たちの勝手な思い込みにすぎません。**

本来、天気に「いい」も「悪い」もありはしません。

私は修行時代に米や野菜を作っていましたが、一週間も晴れが続くと「そろそろ一雨《ひとあめ》来てくれないか」と願い、一方で、三日も雨が続けば「もういい加減にしてくれ」と思いました。誠に自分勝手なものです。

アップル社の共同設立者の一人であるスティーブ・ジョブズ氏は、禅に傾倒していたことでも有名ですが、二〇〇五年、スタンフォード大学の卒業式のスピーチで学生たちにこんなことを語っています。

「私は一七歳のとき、こんな言葉を本で読みました。『毎日、これが人生最後の日と思って生きてみなさい』。そして、それから三十三年間私は毎朝鏡を見て自分に問いかけてきました」

彼は、このスピーチの前年にすい臓がんの診断を受け、余命宣告までされています。それだけに、本当に真実味のある言葉として皆の心に響きました。

お釈迦様は、人間が**「昨日にこだわり、明日を夢見て、今日を忘れる」**愚かさを指摘しています。私たちは、もう絶対に元に戻ることも、変えることもできな**い過去を悔やみ、それに縛られ、来てもいない明日のことばかりを考え、一番大**

切な今日を疎《おろそ》かにしてしまっているのです。

日本曹洞宗《そうとうしゅう》の祖である道元禅師も、その著書『正法眼蔵《しょうぼうげんぞう》　行持《ぎょうじ》の巻』で、「この一日の身命《しんめい》は、とうとぶべき身命なり」と語っています。

今日という一日は、かけがえのない一日なのです。

私たちは今、新型コロナウイルスによる、収束の見えない世界的パンデミックという大きな不安の中で毎日を過ごしています。

しかし、そんな中にあっても、今日という一日は大切な一日です。精一杯、今日という一日を過ごしていきましょう。

それが「日日是好日《にちにちこれこうじつ》」ということです。

第二章

人生は「転」

あなたの不安を消す「転」の発想

――すべてのものは変化し続けて、元には戻らない

「私たちの生活は、いつになったら元通りになるの？」

新型コロナウイルスの感染拡大で不自由な日々を余儀《よぎ》なくされ、誰もが一回はこの言葉を口にしたのではないでしょうか。

好きな映画鑑賞にも行けないし、美術館もやっていない。

実家の家族にも、友人にもなかなか会えない。

懇意にしている取引先に、資料一つ、直接届けられない。

店が閉まっていて、買いたいものも買えない。

なにより、仕事ができず、収入がなくなってしまった。

本当に、いきなり私たちの日常はひっくり返されました。

さらには、精神面の変化を訴える人も増えました。

人と会うこと自体が怖くなってしまった。

いつも神経がピリピリしている感じで休まらない。

なにをしていても気が晴れずに落ち込んでしまう。

このように、うつ気味になった人も多いことでしょう。そして、「一刻も早く、以前のような暮らしを取り戻したい」という思いを強くしているはずです。

私自身も同じ気持ちですが、その上で、あえて提案させてください。

「元に戻そう」というところに固執《こしゅう》せず、「今」を見つめて生きていきましょう。

「今の一秒一秒に、いかに幸せを見つけていくか」を大事にしましょう。

なぜなら、**元には戻らない**からです。

「前」と「今」を比べ、「前はあったのに今はない」「前はできたのに今はできない」と考えると、どうしたって不幸になってしまいます。一方で、比べるのをやめて、今なにができるのかにシフトチェンジしてみると、精神的な苦痛も少し和らいでくるのではないかと思います。

これもできない、あれもできないというのではなく、今できるのはなにか。仏教では「**転**《てん》」ということを教えます。すべてのものは変化し続けていて、一時たりとも同じ状態に留まることなどないということを示しています。

今の状況があまりにも大きく変化しているだけです。実はこれまでだって、私たちは変わり続けてきたのです。

だから、**「変わってしまった」と嘆く必要はありませんし、「どうなってしまうのか」とむやみに恐れる必要もありません。**私たちは、これまでもこれからも、ちゃんと変化に対応して生きていけるはずです。

「窮《きゅう》すれば転ず」です。

ただ、あまりにも突然で心の準備ができていなかったために、ショックを受けてしまうのも当然です。

しかし今回のような、**時代の変わり目とも言えるほどの大きな変化は、たいて**

い突然やってきます。徐々に時間をかけて、人々がそれを確認しながら変われるような悠長なことはさせてくれません。

黒船がやってきたときも、明治維新が起きたときも、第二次世界大戦のときも、そうだったはず。大きな避けられない力があって、それによって世界はがらっと変わっていくのです。

それに対応していくのは大変ですが、そういう力によって、これまで変えたくても変えられずにきたものが否応なく変わります。

たとえば、今回の新型コロナ流行の影響でいえば、働き方改革がそうでしょう。欧米の企業ではずいぶん前から行われてきたテレワークや時差出勤が、日本では遅々として進まず、相変わらず多くの人が満員の通勤電車に耐えていました。ところが、ひとたび恐ろしい感染症が発生すると、電車はガラガラになりました。

こうした、プラスの副作用もあるのです。私たちに襲いかかっている変化に、いい意味で流されていきましょう。

すべてが変化していく世の中で、執着する価値のあるものなど存在しない

――大丈夫。捨てることも、変わることも、それが自然

新型コロナは、経済生活にも非常に大きな影響を与えました。

まさか、店舗や施設が、営業そのものを自粛しなければならなくなるなんて、数か月前に、いったい誰が想像したでしょう。〝会社員〟が〝会社に行かない〟なんてことになると、誰が想像したでしょう。

会食はもちろん、打ち合わせと称して直接面会する機会も、めっきりなくなりました。私も、坐禅会や講演会ほか、多くの予定がキャンセルになり、だいぶ戸惑いました。

これまで「当たり前にできていたこと」ができなくなるという、あらがうことのできない大きな変化の波に、私たちは飲み込まれたのです。

さらに、多くの人が収入の悩みを同時に抱えることになりました。

なんとかしなければならない――。そこで、通常営業ができなくなった飲食店は、テイクアウトという方法で日々の収入を得る努力をし、通勤が必要だった人たちは、リモートワークというスタイルで仕事をするようになり、ＺｏｏｍやＬＩＮＥなどネットでの打ち合わせが当たり前になりました。ありとあらゆる業種の方が、今までにない経験をし、変化を強いられました。みなさんが、それぞれの立場、それぞれの業界で、苦労と工夫をしてきたと思います。

コロナが流行する直前までは、ほとんどの人が、今の生活が永遠に続くような気がしていたのではないでしょうか。

しかし、それは幻想です。コロナの勢いが収まっても、完全にコロナ前の状況に戻ることはないでしょう。

そんなふうに言うと、後ろ向きな気持ちになってしまうかもしれませんが、いい気づきもあったと思います。手洗いの大切さがわかり、正しい手洗い法を覚えることもできましたし、テイクアウトやデリバリーの便利さに気づいたり、料理の腕があがったという人もいます。オンラインでのミーティングや講演会が思った以上に快適だということがわかり、地方や海外にいる人たちと簡単につながる機会が増えたりもしました。

そもそもの話ですが、**どれほど平和な時代にあっても、あらゆることに必ず「終わり」はやってくるし、「変化のとき」もまた、やってきます。**

私たちは、このコロナ禍を通して、身をもって、そのことを知ったのではないでしょうか。

あらゆることは必ず終わる。すべてのものは変化する——。

ところが、ほとんどの人がその事実を「わかっているようで、わからないま」過ごしてしまっていました。今回のコロナ禍でもそれが明らかになりましたが、実は以前から、多くの人が〝ある時期〟になると、その事実と向き合い、精神的にひどく揺れ動いてしまう……ということがあります。

会社に勤めている人のほとんどが直面する、**「定年」**です。

今は、定年と共に辞めてしまうという人は少なく、多くの人が雇用延長制度を利用して会社に残る道を選んでいます。ただし、収入は新入社員並みに減らされてしまいますし、肩書きがなくなって若い上司の下で働くことにもなります。

実際に先輩社員たちの様子も目の当たりにしているので、そういうことは、すべてわかっているつもりなのですが、実際に自分がその立場に置かれるとショックを受けてしまう。

「給料が減るのはわかっていた。肩書きがなくなるのもわかっていた。でも、こんな気持ちになるなんてことまではわかっていなかったんだよ」と。

給与の額面や自分に対する扱い自体にショックを受けるというよりも、そのわかっていたはずのことによって、自分が想像以上に傷ついていることにうろたえているように見えます。

全生庵にも、こうした動揺を抱えながら坐禅修行を求める人たちがやってきます。

役員として会社に残ったものの、「もう一線じゃない」という思いに苦しんでいる人。

まだ五〇代なのに、肩叩きにあって憤慨している人。

三〇年連れ添った夫の、やることなすことが気に障《さわ》るという女性。

置かれた立場にかかわらず、年齢や性別にかかわらず、わかっていたはずなのに実は心の準備ができていなかったことに出くわし、「あれ？」と戸惑う人が増えているように、私の目には映ります。

いずれにしても、この時期を迎えると、**人生の「先」が見え始めて、これまでにない焦りを感じている人が多いようです。**

心に隙間ができてしまったと言ってもいいかもしれません。

「俺がいなくちゃ、どうにもならないはずだったのに。あれ？」

「同期のトップのつもりだったのに。あれ？」

「このままで幸せなはずだったのに。あれ？」

「あれ？」の連続です。本当はどこかでわかっていたはずなのに、今の年齢になるまで向き合ってこなかった「不都合な真実」が、突如として目の前に現れて愕《がく》然《ぜん》としてしまうのです。

でも、本当はそれはいい機会なのです。

だって、**すべてが変わっていく世の中にあって、執着《しゅうちゃく》する価値のあるものなんて存在しません。**

「これまでこうだった」ということも、「もはやそうではない」。**「もはやそうではないもの」からは、さっさと離れるに限ります。**

「あれ？」は夢から覚めた証拠

――カラッポになることを恐れない

「おかしいな、こんなはずじゃなかった」

仕事について、人間関係について、あるいは自分自身について、年齢を重ねるほどに、こう思うことが増えます。

たいていの場合、この思いはネガティブな感覚を伴います。

「期待されているはずだったのに……」

「あいつとは信頼し合えていると思っていたのに……」

「俺も、ちょっとは自信があったんだけど……」

でも、そうじゃなかった。ただの思い込みだった。なんてことです。自分の愚かさを突き付けられた気分になり、落ち込んでしまうのです。でも、それは悪いことでしょうか。

いや、そうでもないでしょう。夢から覚めて現実が見えたということです。「夢中になる」とはよく言ったもので、私たちは人生の長い時間を、とくに働き盛りの時間を、夢の中で生きているのかもしれません。

会社のため、家族のため、頼まれてもいないのに「自分がいなくちゃ」という使命感でバリバリ頑張ってきたのは、実は夢の世界でのことだった……。

しかし、がっかりすることはありません。

夢から覚めたからこそ、私たちは本当の自分を生きられるのではないでしょうか。

課長、部長、お父さん、ママ……そういう呼称は、あなたの名前ではありません。夢から覚めてやっと、太郎や花子といった本来の姿になれるのです。

そのとき、もしかしたら、こんなことに気づくかもしれません。

「〝自分〟を生きようと思ったら、なにをしていいかわからない。カラッポだ」

でも、慌てなくて大丈夫です。その**カラッポの器を、これから自由に満たしていけばいいのです。**

むしろ、カラッポでないほうがまずい。肩書きやら過去の成功体験やら、なにかを捨てきれずにいる証拠ですから。

捨てるからこそ、自由になれるのです。

「今日も生きている」を実感すること

――昨日と同じ今日はなく、今日と同じ明日はない

全生庵の檀家である高齢の女性が、あるとき私に言いました。

「私は、毎朝起きるたびに、ここはどこかしらと思うのよ」

もしかしたら死んでしまってあの世にいるんじゃないかしら。いやいや、どうやらまだこの世にいるらしいわね。うん、生きているわ。

こんな確認が朝の日課になっているのだそうです。まさに**「夢から覚める」**を**日々、実践している**わけです。

これが、人間本来の姿かもしれません。

高齢者に限らず若者であっても、夜眠っている間は意識がありません。目が覚めたときに、「今日も生きている」ということを確認できます。

この、**「今日も生きている」を、当たり前のことと思ってはなりません。**眠りについた私たちが、翌朝目覚めるとは限りません。

実際に、眠っている間に息を引き取ってしまう人もいます。「昨晩までピンピンしていたのに、朝起こしに行ったら冷たくなっていた」というケースは、めずらしいことではありません。

私たちは、**連続した時間を過ごしていますが、一日一日は新たに訪れます。昨日と同じ今日はないし、今日と同じ明日は来ません。**

だから、私たちが生きていることに特別な意味など見いだせなくとも、「うん、今日も生きている」ということを実感できれば、それで充分だと思います。

少なくとも、「過去にはこうだったのに……」というような、**今日という日を台無しにする発想は捨てましょう。**

便利は不便

——便利すぎることは異常なのだ！　と気づいて

緊急事態宣言が発令されている間、社会生活を支えるいろいろな機能にストップがかかりました。

私の知人は、マンションの管理人さんが出勤できなくなったことが、思いのほか大変だったと言っています。

まず、郵便受けのところに置かれているゴミ箱が溢れかえってしまった。いつもは管理人さんがマメに捨ててくれていたのに、マンションの住人はいらないチラシなどもゴミ箱に捨てられず、部屋まで持っていくしかなかった。

ゴミの集積場所や、ロビーや廊下などの共用施設も汚れっぱなしになった。誰も掃除などしないから、どうしても気になるところは自分できれいにするしかなかった。

生協から定期的に届く食品を受け取るために、自分が在宅する必要が生じた。これまでは、生協の配達人と顔なじみだった管理人さんがオートロックを解除してくれたから、自分が留守でも部屋の前に段ボール箱を置いてもらえたのに。

寺で暮らす私からすると、どれもこれも自分でやるのが当たり前のことばかりで、なにを今さらと思いますが、もしかしたら**現代人は、便利に慣れすぎたせいで、自分ではなにもできない不便な生き物になっているのかもしれません。**

今回、コンビニは営業を続けてくれましたが、これが閉店していたら大変だったでしょう。

ちょっとした飲み物も買えない。

宅配便が送れない。

公共料金の支払いができない。

お金がおろせない。

私も含め、都会に暮らす人間にとっては、近くに二四時間営業のコンビニがあるのが普通のこととなっています。そこで、たいていの用事は済ませられます。

しかし、よく考えてみると普通のはずがありません。便利すぎるというのは、異常なことです。

もし、その〝**異常な状態**〟**が失われることで生活に支障を来すとしたら、私たちの在り方こそが異常なのだと言えるでしょう。**

とはいえ私は、便利さを否定するつもりはありません。私自身、子どもと一緒によくコンビニを利用します。ただ、そのコンビニが近くにあって、いつも開いていることは当然のことではないのだと言い聞かせています。

便利が当たり前だと思っていると、その状況が変化したときにとんでもない不便に襲われます。変わらぬものなどなにもないということを、いつも心しておきましょう。

一人ひとりの価値観の時代

――「個」の集まりが集団。自分以外の存在を認めること

これまで、たいていのビジネスでは、「人を集めること」が重視されてきました。

一つのコンテンツで、より多くの消費者を効率よく引きつけることが、収益のポイントとなるのは私でもわかります。

消費者のほうも、同じ趣味を共有できる大勢と、一か所に集まるのが好きだったのだと思います。みんなが好んで集まる活気ある場にいると、やはり楽しい気分になります。

でもコロナ禍で、私たちは「集まってはいけない」生活を送らなければならなくなりました。

それは、退屈な日々かもしれませんが、一方で、嫌でも自分と向き合う時間が増えたはずです。そこで、あなたはどんなことを考えたでしょう。

ある女性は、「これまで好きだと思っていた事柄が、周囲に合わせていただけで、自分にとってどうでもいいものだったと気づいた」と述懐していました。

もしかしたら、**これからは「マス」から「個」へと世の中のベクトルが向き、本当の自分の価値観に沿って、素直に生きる時代が来るかもしれません。**

一〇〇人が「まずい」と言ったものでも、自分が美味しいと感じればそれでいいのに、「みんなと違う自分の味覚が変なんだ」と思い込んでいたバカらしさに、人々が気づき始めるのではないでしょうか。

ただ、これは「自分のことだけを考える」ということではありません。**自分に固有の価値観があるということは、周囲の一人ひとりにも、それぞれの価値観があるということ**です。それを認めないといけません。

そもそも、周囲の人たちの価値観を知ろうとしなければ、自分の価値観が独自のものであるということにすら気づけないのですから。

自分が自由でいていいということは、他人も自由でいていいということです。つまりは、**これまで認めてこなかった相手、認めたくなかった相手のことも認めないといけない時代**とも言えます。


東日本大震災が起きた後、盛んに「絆《きずな》」という言葉が使われました。本当の絆は、一方がもう一方にもたれかかるような関係ではなく、一人ひとりがしっかりと自分の足で立ちながら、手をつないで支え合ってこそ生まれます。

集団は、「個」の集まりです。では、個にとって心地よい集団とはどういうものでしょうか。

ただ利用し合ったり、足を引っ張り合ったりする集団でないことは明らかですね。同調圧力を掛け合う集団でもないでしょう。

一人ひとりが精神的に自立・独立しなければならないという覚悟を持った

「個」が集まっているならば、これほど力強いものはありません。

古くからの村的な共同体は消滅しつつあります。その代わり、新しい時代に合ったもっとスマートな協力関係が築けるかもしれません。年齢を重ねたからこそ、お互いの自由を尊重し合える大人の集団となれるかもしれません。その一員であるために、自立・独立の道を探ってください。

できないことも受け入れる

――花は必ず枯れて、次へと命をつないでいく。その姿から学べること

トヨタ自動車の豊田章男《とよだあきお》社長は、もうずいぶん前から「終身雇用制度を続けるのは難しい」と述べています。

日本を代表するトヨタ自動車ですらこうなのですから、今後はどこの企業も、能力主義の人事に舵《かじ》を切ることになるでしょう。

電通などを経て独立した山口周《やまぐちしゅう》氏と対談をする機会があったのですが、彼が面白いことを教えてくれました。

「ダニング＝クルーガー効果」といって、**優秀な人よりも、能力の低い人のほう**

がはるかに自己評価が高いのだそうです。でも、会社からの評価は低い。そのため、「俺はこれだけ頑張っているのに認められない」という不満も募《つの》っていくのだと。

原因としては、優秀な人ほど自分の能力に疑念を抱いているのに対し、能力の低い人は、自分のレベルも他人のことも正しく評価できないことにあるようです。よくわからないから、理想像に自分をあてはめてしまうのかもしれません。

外の評価はあまり気にしないほうがいいですが、それと「勝手に自己評価を上げる」ということはイコールではありません。

そもそも、自分を実際よりも大きく見せようとする必要はありません。**できることを精一杯やればいいのであって、できないことは「自分にはできない」と受け入れましょう。**

本当はできないことを、あたかもできるかのように振る舞うと、人は引っ込みがつかなくなります。そして、ごまかしたり嘘をついたりするようになって、果ては不正に走ってしまうのです。

能力主義社会というのは、自分の能力を実際より大きく見せる人ではなく、自分の能力を正しく把握し、その能力をちゃんと生かせる人を歓迎する社会なのではないでしょうか。

普段から、自分にジャストサイズの言動を心がけましょう。

とくに、会社名や肩書きなどを借りた自己評価はやめておきましょう。

「私が勤めているのは○○社です」

「私は部長という立場です」

これらは、なんの評価基準にもなりません。「私は、とくに得意分野はありません」と言っているのと同等なのだと思います。

それよりも、そのときどきの自分にできることを考えてみましょう。できることは、そのときどきで変わっていいのです。

たとえ、今は大企業に勤めていても、**いつか必ず辞める日が来ます。いつまでも働き盛りではいられません。**もし、ずっと働き盛りでいるとしたら、花にたとえれば、それは造花です。

花は盛りを過ぎればしおれ、枯れていきます。しかし、その過程で種をつくり、次世代へと命をつなぎます。それが自然です。

そういう働き方ができたら、最高ではありませんか。

人との関わりで心を乱さないこと

——褒められたがる気持ちを、捨てよう

「玉泥中《ぎょくでいちゅう》にあって潔《いさぎよ》し」という言葉があります。

玉とは宝石のこと。宝石は泥の中に埋もれても、その中に泥が染みこんでしまうことはありません。泥を落として洗うと、またきれいな石となります。

人間も、この石のようにしっかり自分を持っていれば、どういう状況にあっても悪に染まらずにいられるということを教えています。

一方で「朱に交われば赤くなる」という言葉にもあるように、人は周囲の影響を受けやすいものでもあります。

そもそも、人はなぜ生まれてきたのかについて、仏教的な見地から言うと、「一つの縁の中で生まれてきて、縁の中で老いて、死んでいくのが人生」ということになります。

「縁」は人生を支える重要な柱であり、私たちはそれを無視して生きることはできません。

ところが人は、この縁を大事にしているつもりで、「人間関係」というやっかいなものに振り回されてしまうことも多いものです。

縁というのは、自分の〝内側〟で認識するものですが、人間関係は〝外側〟にあるものです。**現代人は、生き甲斐を自分の内ではなく外に求めているため、どうしても人の評価ばかり気になってしまう**のでしょう。

しかし、**どれほど外から褒められても、けなされても、あなたの価値は変わりません。**自分の価値を「人が決めてくれる」と思ったら大間違いです。

大事なことを、外に求めてはなりません。

他人に求めてはなりません。

お釈迦様は、「譬《たと》へば大樹の衆鳥之《しゅちょうこれ》に集まれば、則《すなわ》ち枯折《こせつ》の患《うれ》ひ有るが如《ごと》し」と、面白いたとえを用いて、やたらと人と交わりたがることの危険性を説いていいます。

つまりは、たくさんの鳥が集まれば、どのような大樹であっても、葉っぱも樹皮も実もついばまれて、いずれ朽ちてしまう……ということです。

私には、まさに今のSNSの世界が、たくさんの鳥についばまれている大樹に見えます。

顔さえも知らない多くの人たちが集まって、「いいね!」「いいね!」と褒め合う。その褒め言葉が欲しくて、インスタ映えとやらがする場所に、わざわざ撮影に行く。

しかも、その場所は自分で発見したものではなく、みんなが評価してくれることがわかっているところ。いい評価をもらえるからこそ、そこに行くのであって、内なる欲求からではありません。

そうして褒められることに、どれほどの価値があるのでしょう。

しかも、褒められるはずだったのが、ちょっとした誤解から非難を浴びることになる。そして、炎上してその場は燃え落ちてしまう。

わざわざ自分を傷つけ、苦しめる場所へ足を踏みこんでいるように思います。

しかしこれを、笑い飛ばすことはできません。自分も「褒められたい病」にかかっていないか、ちょっと振り返ってみましょう。

どんな「年寄り」になりますか?

――「今が大切」と気づく。過去に固執すると、自分も周囲も苦しめる

私が幼い頃、テレビでは「ホームドラマ」をよく放映していました。そこには、たいてい、夫婦と子どもたちに加え、優しいおばあちゃんやおじいちゃんが登場しました。ときに、頑固で意地悪なおばあちゃんやおじいちゃんも出てくるのですが、それはあくまでドラマを盛り上げる脇役でした。

だから私は、「歳をとると、たいていの人は優しくなるんだ」と思っていました。ところが、大人になってみると、そうではないことがわかってきました。歳をとると、頑固で意地悪になってしまう人も、結構見られるのです。

たとえば、庭の木が道路にはみ出しているのに切らせなかったり、私道を使わせないように私物で塞《ふさ》いでしまったりして、近所から煙たがられるような困った高齢者がいます。彼らは、どうしてそうなってしまうのか。

一つには孤独感があるのでしょうか。自分は孤立しているのに、近所の人たちは仲良く結束している。それが気に入らないから、余計に嫌がられるようなことをしてしまうのかもしれません。

もう一つ、彼らは「自分のやり方」に固執しすぎているとも考えられます。

「俺は長くここに住んでいて、ずっと、こうしてきたんだ」

だから、木は切らない。

だから、道路は使わせない。

「俺のやり方」に固執して意固地になる。体が硬くなるように、心も固くなってしまう、ということはあるでしょう。

しかし、**世の中は変化しているのです。その中で自分一人がガチガチにそのままでいようとすることは、おそらく物事の理に反しています。**

こうしたことは、ビジネスの現場でも起こり得ます。「定年間近のオジサンが、古いやり方を押しつけるので迷惑」という声が、若者たちからときどき聞かれます。

「俺たちの頃はな……」をすぐ口にしたがる人は、今よりも「俺たちの頃＝昔」がよかったと思っている。つまり、今を楽しめていないのだと思います。

それは、今に目を向けないからです。

世の中は進化していて、昔よりも今は便利になっています。だから、**基本的に新しい「今」が一番いいはず**なのです。ただ、それを認めたくない。いつまでも、自分が最前線にいた頃に思いが留まっているのでしょう。

もちろん、「あの頃の自分は頑張った」という記憶があるのはいいことです。でも、それで充分ではありませんか？

当時の自分には当時の自分なりの役割が、今の自分には今の自分なりの役割があって、それをやっていれば立派なもの。

過去に固執するのはやめましょう。

毎日は新しい

——昨日の感性は、もういらない。一日一日を新しく

日本経済新聞に、「私の履歴書」という連載記事があります。一九五六年三月一日にスタートしたそうですから、私より長生きしている連載です。もう六四年以上も続いているということは、それだけ人気があるのでしょう。

たしかに、その人がなにをしてきたかは重要です。**年齢を重ねるごとに、顔つきにその人の人生が表れる**とも言われます。

しかし、それは見方を変えると、「今をどう生きるか」が非常に大事だということになります。**今なにをするかによって、明日の自分の顔が決まるのです。**

過去にどれほど輝かしい成績を残したとしても、今もその過去にしがみついて生きているだけなら、執着の強い顔になるでしょう。

逆に、一日一日を新しく生きていたら、その人は爽《さわ》やかな表情になるでしょう。

私たちは、つい、成功体験を踏襲したくなります。「これをやったら成功した」というものがあれば、それを変えたくはありません。

ところが、変わろうとしないがゆえに、変化している世の中についていけず、結局は苦労することになります。実際に、そういう企業もたくさんあります。

そもそも人間は、「変わらないほうが楽」と感じる生き物ですが、本当は、変われる人が幸せになるのです。

仏教では、**「仏とは、ほどけること」**だと教えられます。ほどけるとは、一つの念に縛られず、多様な価値観を認められることです。それによって固まった心のもつれがほどけて、心が平らかに調った状態になることです。つまり、「ほとけ」というものになるのです。

たとえば、ここにコップがある。たいていの人は、それをコップだと認識します。ましてや、隣に水の入った水差しがあれば、「水を入れて飲むためのものだ」と解釈して疑わないでしょう。

でも、水を入れて花を入れれば花瓶にもなるし、もしかしたら灰皿として使う人もいるかもしれません。それは、人それぞれ違っていいのです。

しかしながら、コップが正しいと思い込んでしまえば、ほかの価値観は認められなくなります。それで争いが起きるのです。

一方で、「そうか、そういう手もあるのか」と思えたら、その人は三つの方法を手にできます。もし、三者がそのようになれば、智慧《ちえ》に満ちた世界をつくれるでしょう。

毎日は新しい。

一日一日を新しく生きましょう。

第三章

心を調える

《遺教経《ゆいきょうぎょう》の教え》

心が調えばすべて調う

――仏教の戒律を、今の私たちの生活にあてはめると

仏教の教えに「**三学**《さんがく》」があります。**戒学**《かいがく》・**定学**《じょうがく》・**慧学**《えがく》の三つで、仏道を修行する人間が必ず修めるべき徳目《とくもく》とも言うべきものです。「戒定慧《かいじょうえ》」とも表現します。

戒学は、戒律を守り続けること。
定学は、心を定め乱さないこと。
慧学は、煩悩を離れ真実を知る智慧を持つこと。

戒律を守って規則正しく暮らしていくことで、心の平安が生まれ、心の平安が生まれることで、自ずと人間本来の智慧も出てくる

ということです。

戒律を守るというと、やたら息苦しく規制された状態を思い浮かべるかもしれませんが、そういうことではありません。**あくまで心を調えていく暮らしの方法**だと考えてもらうといいでしょう。

もともと日本では、心を調えることが重視されてきました。

たとえば、茶道では「和敬清寂《わけいせいじゃく》」が大事にされます。

「和敬」は、主人が賓客《ひんきゃく》と和をもって敬い合うことを、「清寂」は茶室を清らかで静かな場に保つことを意味します。心が乱れていれば、とうていそうした状況はつくれません。心を調えることは、茶道の基本中の基本と言えます。

茶道に限らず、私たちの生活すべてが同様でしょう。

心が調っていないから、余計なことを言ってしまう。

心が調っていないから、いたずらに不安になってしまう。

心が調っていないから、外からの評価に一喜一憂したり、情報にふりまわされたりして、不安になってしまう。

すべてここに、人間の愚かさの原点があります。

いかに生きるかを考えたときに、まず**一番に取り組むべきは、心を調えること**です。

人が人になるために

――「自利利他」で、人生は非常に豊かなものとなる

禅というのは基本的に、人が人になるための修行です。

人としてどう生きるかを考えるために、自分の心と対話し、自分自身を見つめ直すのが禅です。

そのときに、**心が調っていることは必須**です。乱れたままでは、とうていまともな対話にはなりません。

調った心と対話し、自分自身を見つめ直していると、今ある自分がどのようにして成り立ってきたかということに思いが至るでしょう。そこには、多くの人た

ちの助力が見て取れるはずです。

禅は、自立して一人で生きられる人間であることを求めますが、同時に一人では生きられないということにも気づかせてくれます。

私は幼い頃から父に、「天知る、地知る、己《おのれ》知る」と教えられて育ちました。自分に恥ずかしくない生き方をすることが一番大事だということですが、亡き父の写真を見るたびに、その思いを新たにします。

父や母、禅の師匠をはじめとした**多くの人たちに支えられて今の自分があります。そして、自分の心と対話するということは、そうした人たちと対話することでもある**と、私は思っています。

仏教で言うところの「自利利他《じりりた》」――つまりは自分も他人も利する状態を目指せたら、その人生は非常に豊かなものとなるはずです。

心を調えて、そうした自分の可能性を探りましょう。

お釈迦様が最期に遺した言葉「自灯明《じとうみょう》・法灯明《ほうとうみょう》」

――修行の意味とは？

お釈迦様はその人生の最期に「自灯明《じとうみょう》・法灯明《ほうとうみょう》」という言葉を遺しています。「自らを灯火《ともしび》とし拠《よ》り所《どころ》にせよ、法の教えを灯火とし拠り所にせよ」という意味で、法とは、お釈迦様の教えのことです。

二〇年もお釈迦様の身の回りの世話をした阿難《あなん》という弟子が、いよいよお釈迦様の命が終わろうとしているときに、嘆き悲しむのを見て説かれたとされています。

「阿難よ、泣くことはない。もうすべて教えたではないか。それを拠り所にして生きていきなさい。そして、最終的には自分の心に火をともし、それを拠り所に生きていけるようになりなさい」と弟子に諭《さと》したわけです。

私たち現代の禅僧の修行も、まさに「自灯明・法灯明」にあたります。いろいろな戒律があって厳しい生活を送るけれど、それは「やらされている」という他律的なものではありません。**本来の「戒」とは、もっと自律的で自らの心に戒めていくものでなければならない**のです。

とはいえ、最初のうちは苦しくて「なんで、こんなことをやらされているんだ」と、逃げ出したくなります。ところが、窮屈《きゅうくつ》な思いをしながらも続けていると、あるときに「ああ」という気づきが生まれます。

こうした**「他から自へ」の転換**があってはじめて、修行の意味があります。他律的なところで止まってしまうと、修行を終えたときにただ解放感を得るだけで、元の木阿弥《もくあみ》になってしまいます。

茶道、華道、剣道、柔道など「道」がつくものには、必ず一定の決まり事や型があります。なぜ、茶碗はそう持たなければならないのか。なぜ、そこで挨拶をしなければならないのか。一見、不合理に思えることもあるでしょう。

そのとき、先に意味を知ろうとしても、おそらくうまくいきません。

そんなことは考えず、とにかく**教えられたままを毎日やる。毎日やっているうちに、あるとき気づく。**

そうした境地に達すると、心はどっしりと落ち着きます。それが「○道」の「道」たるゆえんです。

遺教経の「八大人覚《はちだいにんがく》」で心を調える

——悟るための八つの教え

お釈迦様の最期の教えである『遺教経《ゆいきょうぎょう》』には、**「八大人覚（はちだいにんがく）」**という教えが説かれています。私たちが自覚すべき八つの事柄で、具体的には「少欲《しょうよく》・知足《ちそく》・遠離《おんり》・精進《しょうじん》・不忘念《ふもうねん》・禅定《ぜんじょう》・智慧《ちえ》・不戯論《ふけろん》」からなっています。この八つによって、悟りの境地にたどりつけるというものです。

八大人覚の「覚」の字は、夢から「さめる」というときに使いますね。と同時に、「さとる」とも読みます。つまり、悟るとは覚めること。夢から覚めることなのです。具体的に説明していきましょう。

《少欲／しょうよく》

お釈迦様は「欲をなくせ」とは言っていません。**欲はあって当然なのですが、少し少なくしておけ**と説いています。

欲が多ければ、手に入れるのはそれだけ大変だし、手に入らないときの苦しみも大きくなりますね。「あれが欲しい、これも欲しい」と思っている間は、心は調いません。

《知足／ちそく》

京都の龍安寺《りょうあんじ》の茶室前にある手水鉢《ちょうずばち》は、「知《ち》足《そく》の蹲踞《つくばい》」と呼ばれています。水を溜める真ん中の四角い凹みを「口」という字になぞらえて、四方を「五」「隹」「止」「矢」に囲まれています。つまり「吾唯足知（われただたることをし

る）」と読めるようになっています。
今はいろいろな禅寺で同じような蹲踞が見受けられますが、**自分の中に「足る」という感覚を持てること**は、とても大事です。

《遠離／おんり》

書いて字のごとく遠く離れていること。「寂静無為《じゃくじょうむい》の安楽《あんらく》を求めんと欲《ほっ》せば、当《まさ》に憒閙《かいにょう》を離《はな》れて独処《どくしょ》に閑居《げんご》すべし」とお釈迦様は教えています。
憒閙とは、心を乱す賑やかなところという意味。そういう**賑やかで騒がしいところから離れることで、心穏やかに過ごせますよ**ということです。

《精進／しょうじん》

精進とは**一生懸命努力すること**。
精進は、少欲、知足、遠離といった要素とは正反対のようですが、これまで説明してきたことを土台に努力することが大事なのです。ただ、がむしゃらにやる

郵便はがき

料金受取人払郵便

代々木局承認

6948

差出有効期間
2020年11月9日
まで

1518790

203

東京都渋谷区千駄ヶ谷4-9-7

(株)幻冬舎

書籍編集部宛

1518790203

ご住所　〒
都・道
府・県

フリガナ
お名前

メール

インターネットでも回答を受け付けております
http://www.gentosha.co.jp/e/

裏面のご感想を広告等、書籍のPRに使わせていただく場合がございます。

幻冬舎より、著者に関する新しいお知らせ・小社および関連会社、広告主からのご案内を送付することがあります。不要の場合は右の欄にレ印をご記入ください。

不要 □

本書をお買い上げいただき、誠にありがとうございました。
質問にお答えいただけたら幸いです。

◎ご購入いただいた本のタイトルをご記入ください。

『　　　　　　　　　　　　　　　　　　　　　　　』

★著者へのメッセージ、または本書のご感想をお書きください。

●本書をお求めになった動機は？
①著者が好きだから　②タイトルにひかれて　③テーマにひかれて
④カバーにひかれて　⑤帯のコピーにひかれて　⑥新聞で見て
⑦インターネットで知って　⑧売れてるから／話題だから
⑨役に立ちそうだから

生年月日	西暦　　　年　　月　　日（　　歳）男・女			
ご職業	①学生	②教員・研究職	③公務員	④農林漁業
	⑤専門・技術職	⑥自由業	⑦自営業	⑧会社役員
	⑨会社員	⑩専業主夫・主婦	⑪パート・アルバイト	
	⑫無職	⑬その他（　　　　　　　）		

このハガキは差出有効期間を過ぎても料金受取人払でお送りいただけます。

ご記入いただきました個人情報については、許可なく他の目的で使用することはありません。ご協力ありがとうございました。

だけでは、心は乱れて調いません。

《不忘念／ふもうねん》

正しい念を忘れるなということです。

正しい念とは、純真な心や素直さみたいなことと考えてもらえればいいでしょう。

「正念相続《しょうねんそうぞく》」という言葉もあり、こちらは、正しい念を持ち続けることの大切さを説いています。

《禅定／ぜんじょう》

人生にはいろいろなことが起きます。想像もしていなかったこと、思い通りにならないことが次々とやってきます。

そのたびに心乱すことなく、落ち着いて対処することを教えているのが、この禅定という言葉です。

《智慧／ちえ》

いわゆる学校で習うような学問知識ではなく、**誰もが生まれながらに持っている「物事を正しく認識し、判断する能力」**のことを指しています。

いくらテストでいい点数を取っても学歴が高くても、智慧がなければ、心が乱れてしまいます。

《不戯論／ふけろん》

不戯論とは、書いて字のごとく「戯論をしない」という意味です。戯論とは無駄口のことで、つまり**「無駄口は叩くな」**と教えています。

無駄口を叩けば、自分の心も相手の心も乱すこととなり、いいことはありません。だから、余計なことはしゃべるべからずなのです。

この八つについて、私たちの生活に合わせてそれぞれ考えていきましょう。

満足できる心は「少欲《しょうよく》」がつくる

――中高年の世代は、「あれもこれも欲しい」気持ちが強い

私が子どもの頃、小学校の暖房はコークスを燃やすだるまストーブでした。ストーブから離れた席の子は寒いのを我慢し、ストーブ近くの子は顔がほてってってしまうという代物でしたが、それでも、ありがたかったのを覚えています。

テレビはブラウン管形式で、画面はとても小さなものでした。当時はそれが標準でしたから、小さな画面を喜んで見ていました。電話はダイヤル式の黒電話で、当然ですが、携帯電話もパソコンもありませんでした。

だから、エアコンや、大型液晶テレビや、スマホの出現によって、私の生活は

劇的に便利になったと実感しています。

一方、こうしたものが最初から揃っていた若者世代は、「どんどん便利になる」という感覚は薄いかもしれません。だからでしょうか、今の若者は物欲が少ないと言われています。車も「お金がもったいないから持たない」のだそうです。

むしろ、**ものが乏しかった時代を知っている中高年のほうが、「あれも欲しい、これも欲しい」に陥る危険性を秘めています。**

お酒やギャンブルと同様に、買い物も「依存症」になるそうですね。ある五〇代の女性は、ブランドのバッグをこれでもかこれでもかと買い漁《あさ》っているのに、それらを愛用している姿は見受けられません。どうやら「買って自分のものにする」ことができると、今度は次のバッグに気持ちが移ってしまうようです。

人生の大事な時期を、まったく落ち着かない状態で過ごしているわけです。

心を調えるために、意識的に「少欲」を目指しましょう。

ビジネスでも求められる「知足《ちそく》」

――形あるものでなく、自分の内なるものに目を向ける

仕事で充足感を得る最大の要素は、「達成感」ではないでしょうか。目標が達成されると、「それまでの苦労は忘れる」と多くのビジネスパーソンが口を揃えます。

仕事に限らず、「ここまでできた」というとき、私たちはとても幸せを感じます。それはいいのですが、問題は、その「ここまで」のラインをどこに引くか。どこで「足りている」とするかです。

たとえば、「自分の家を持ちたい」という目標があって頑張っている人は多い

でしょう。同じ年収のAさんとBさんがいて、Aさんは中古の2DKマンションで大満足しているのに、Bさんは高級住宅地の新築一戸建てでなければ納得できない。となれば、おそらくAさんのほうがBさんより、幸せを感じている時間がはるかに多い人生を送るでしょう。

本当は、

「足る」は、外に求めるものではなく、
形のあるものに求めるのでもなく、
自分の内側に感じるもの

なのです。

たとえば、「ああ、いい天気だな」と感じること。雨だったとしても「静かでいいなあ」と感じられたら、心は満ち足ります。

名も知らぬ道端の花も、「きれいだね」と感じる自分の心があれば、足りているのです。バラや胡蝶蘭でなくともいいし、ましてや、その花を抜いて自分のものにする必要もありません。ただ、美しさを心で感じることができればいいのです。これこそ「知足」です。

仏教の言葉に、**「六根清浄《ろっこんしょうじょう》」**があります。

六根とは、**眼根《げんこん》**（視覚）、**耳根《にこん》**（聴覚）、**鼻根《びこん》**（嗅覚）、**舌根《ぜっこん》**（味覚）、**身根《しんこん》**（触覚）、**意根《いこん》**（意識）のことで、この六つを清らかに研ぎ澄ましておくことが求められるのです。

たとえば、耳根が清らかに研ぎ澄まされていれば、川のせせらぎや雨音も「美しい」と感じることができます。大音量の音楽をいくら流すよりも、満ち足りた心を得られることになるのです。

総じて現代の私たちは、様々なものを数値化、データ化して判断することが多く、数値化されていないと判断ができなくなっている気がします。食品の消費期限などもその最たるものかもしれません。食べられるかどうかの判断を人に委《ゆだ》ね、自分で考えることを放棄しています。

自分の六根に、もっと磨きをかけましょう。

近くにいても離れるのが「遠離《おんり》」

——煩悩を抱えたまま、悟りを開くことができる

人間関係など自分を取り囲む外の状況によって、私たちは心乱されます。だから、そういう要素とは距離を置くことを教えているのが「遠離」です。**物理的に離れることができるならそれもよし。それが難しいならば、心を離せばいい**のです。

心を理性的に調え、客観的に自分を眺めることが大事なのです。

たとえば、会社の出世競争や、ご近所さんの噂話などによって、あなたの心が乱れているかもしれません。しかし、会社には行かねばならないし、生活してい

ればご近所さんとも顔は合わせるでしょう。

そういうところから実際に逃げることはできないかもしれませんが、心を遠いところへ離すことは可能です。

禅宗で教える悟りとは、今いるところと別世界に存在しているのではなく、同じところにいながら心持ちを変えることを指しています。

「**煩悩即菩提《ぼんのうそくぼだい》**（煩悩はそのまま悟りの縁《えにし》になる）」という言葉が、それを表しています。

私たち人間は、「煩悩具足《ぼんのうぐそく》（煩悩でできている）」と言われるくらい、煩悩の塊です。では、菩提（悟り）に到達することはできないのかというと、そうではない。煩悩と菩提はまったく相反するものではなく、同じところに根差している。**すべては自分次第で、煩悩を抱えたままで悟りを開くことができる**ということです。

つまり、「自分は煩悩だらけのところから離れられないので悟れない」という言い訳は通用しません。同じ場所にいたまま、心を離せばいいのです。

頑張りすぎない「精進《しょうじん》」のすすめ

――少しずつ、目に見えないくらいの変化が、意味を持つ

人間いくつになっても努力することは大切です。ただ、そのやり方は変えていく必要があります。

若い頃は、ただがむしゃらに頑張るのもいいでしょう。しかし、中高年の域に入ったならば、一度、客観的に自分を眺め、これまでについた垢《あか》を全部落とし、本当に必要なものはなにかを見極めた上での努力をしていきましょう。

仏教の「精進」とは、「雑念を去り、一心に修行すること」です。

大事なのは「雑念を去り、一心に」であって、なにかすごくつらいことをしろ

というわけではありません。むしろ、とても地味な行いです。

昔、奈良の元興寺《がんごうじ》で明詮《みょうせん》というお坊さんが修行していました。後に高名なお坊さんになるのですが、若い頃はいくら頑張って修行してもなかなか成果が上がらないことに失望し、諦めて寺を出ようとします。

ちょうど山門のところまで下りてきたときに雨が降ってきたので、そこでしばらく雨宿りをします。

山門の屋根からポタポタ落ちてくる雨垂《あまだ》れをぼんやり眺めていたら、水滴が落ちるところの石が少し窪《くぼ》んでいることに気づきました。**長い年月をかけて雨垂れが石を穿《うが》った**のですね。

それを見て明詮は、はっと修行の意味を理解し、寺に戻ります。そして精進を重ね、法相宗《ほっそうしゅう》（中国の唐代創始の大乗仏教宗派の一つ）の大僧都《だいそうず》にまで上り詰めるのです。

マッチなどの道具がない昔は、火をおこすときに「きりもみ」という方法を用いました。棒を両掌《てのひら》で挟んで回しながら木の板にこすりつけていくのですが、長い時間ずっとやっていなければなりません。途中で疲れて嫌になってしまえばそれまで。ひたすら続ければいつか火はつく。

結局、私たちの「精進」とはそういうもの。**大袈裟に頑張ることではありません。**

日々の生活のひとつひとつを丁寧に、地道に行っていくことです。

年齢を重ねるほどに、「不忘念《ふもうねん》」が大事

――欲が、私たちの心を乱す

「初発心時便成正覚《しょほっしんじべんじょうしょうがく》」という言葉があります。

最初になにかをやろうと思ったとき、人は最も純真な気持ちになり、そのときに、すでに悟りは開けているという意味です。

逆に言うと、その純真さはだんだんなくなっていきます。だからこそ、必要とされる「不忘念《ふもうねん》」であり、「正念相続《しょうねんそうぞく》」（101ページ参照）なのです。

あなたも、世の中のためになにかをしようと考えたことがあるでしょう。

今回の新型コロナ禍でも、売上が激減した飲食店などを助けようと動いた人は

たくさんいました。そのときの心持ちは素晴らしいものです。

ところが、活動を続けているうちに「あれ、これ儲かるかも」「自分にとって得になるかも」といった余分な考えが入ってきてしまうことがあります。心に、そういう隙間が出てくるのです。

心に隙が出ると、「五欲」が入り込みます。食欲・性欲・睡眠欲・財産欲・名誉欲の五欲は、私たちが心乱される原因です。

人間が、五欲とまったく無縁でいるのは不可能です。それでも、**最初の感激を忘れないことが大事。**「不忘念」を続けていられたら、邪念が入り込む隙間は生まれません。

私たちお坊さんの世界でも、仏門に入るときには得度式《とくどしき》というものがあり、師匠となる僧侶に髪をそり落としてもらいます。

大変に身の引き締まる思いがするのですが、子どもの頃に得度式を行った場合、その感激を覚えているのは困難です。そのため、最近は大人になってからもう一度、初心を確認するための得度式を行うことがあります。

そうやって意識的に取り組まないと、お坊さんでもすぐに忘れてしまうのが〝初心〟なのです。難しいかもしれませんが、意識して持ち続けたいものです。

変わりゆく世であなたの心を調える「禅定《ぜんじょう》」

――心を乱して、物事がよくなることはない

オウム事件、東日本大震災、そして今回のコロナ禍……。私が大人になってから の短い期間だけで、日本中をひっくり返すような出来事がいくつもありました。

これほどの大事でなくとも、個人に照らせば、勤めていた会社の倒産、人事異動、恋愛の破綻、身内の死など、受け入れがたいことがいろいろ起きます。今この瞬間も、あちこちで起きています。

そして、そのたびに心が乱れるわけです。

しかし、そうしたことは、**いくら心を乱したからといって局面が改善されるわ**

けではありません。それどころか、乱れた心が余計な行動をとらせてしまえば、かえって問題は複雑になっていきます。

大事なのは、心を調えて対処すること。すなわち「禅定」です。

仏教では「生者必滅会者定離《しょうじゃひつめつえしゃじょうり》」といって、命ある者は必ず死に、出会った者は必ず別れると教えています。

不変のものなど一つもないこの世において、私たちはいかに自分の心を定め、変わりゆく外の状況に対処していくかを問われているのです。

あなたを取り巻く世界は変わり続けます。あなたは頑固《がんこ》偏屈《へんくつ》にならず、変化を受け入れなくてはなりません。でも、心の置き場は定めておきましょう。

「ころころ転がるから、こころ（心）なのだ」と言われますが、それは、不安定にあっちこっち行ってしまうということではありません。私はむしろ、**心は水のように自由自在に形を変えるもの**だと捉えています。

心はたしかにここにある。しかし、その形はしなやかで凝り固まっていない。

そんな境地を目指しましょう。

地位や学歴よりも「智慧《ちえ》」が勝つ

——目の前のものをよく観察し、自分の頭で考える

禅宗で重んじられている『無門関《むもんかん》』という本の序文に、「門より入るもの、是《こ》れ家珍《かちん》にあらず」という一節があります。

外から入ってきたものは、自分の本当の宝にはならない。見たり聞いたりという外から得た学問は、ただ学ぶだけでは自分の宝にはならないという意味です。「論語読みの論語知らず」という言葉があるように、**言葉を知っているだけでは不充分で、自分でそれを咀嚼《そしゃく》し、使いこなすことではじめて真の学び**と言えるのです。

現代人は、子どもの頃から点数をつけられるテストに慣れていて、テストで高い点数を取れれば「自分は他より優れている」と思ってしまいます。

また、回数を重ねることで「成長した気」になってしまう人もいます。

たとえば、読書会やセミナーなどに足繁《あししげ》く通うビジネスパーソンがいますね。

その向上心は素晴らしいのですが、「参加したから成長している」というものではありません。

まさに、よかれと思っていながら「門より入るもの、是れ家珍にあらず」になっているケースが多いのです。

「智慧」は、物事を正しく認識し、判断する能力。

それを磨くためには、**目の前の事象をよく見つめ、自分の頭で考えることが**求められます。

外から教わろうとばかりせず、自分の内側に問題提起してみてください。

現代人の悩みは「不戯論《ふけろん》」で消える

——無駄にしゃべりすぎない。言葉を発しすぎない

私が龍澤寺で修行していたとき、「新到《しんとう》三年皓歯《こうし》を見せず」と躾《しつ》けられました。皓歯というのは白い歯のこと。入門して三年間はしゃべるなということです。

これは、しゃべるとうるさいからというのではなく、若い修行僧に「口は禍《わざわい》の元」を徹底的に教え込むためです。

仏教には、やってはならない「**十悪業**《じゅうあくごう》」があります。

殺生《せっしょう》（＝殺すこと）、**偸盗**《ちゅうとう》（＝盗むこと）、**邪淫**《じゃいん》（＝みだらなこと）、**妄語**《もうご》（＝嘘をつくこと）、**綺語**《きご》（＝きれい事でごまかすこと）、**両舌**《りょうぜつ》（＝二枚舌を使うこ

と）、**悪口**《あっく》（＝悪口を言うこと）、**貪欲**《とんよく》（＝欲深いこと）、**瞋恚**《しんい》（＝すぐにかっとなること）、**愚癡**《ぐち》（＝妬んだり恨んだりすること）の一〇個です。

このうち、殺生・偸盗・邪淫は身の三悪、貪欲・瞋恚・愚癡は**意（心）の三悪**とされ、一〇のうち残る四つが「口」についての戒めとなっています。それほど、仏教では「戯論（無駄口）」を嫌うのです。

余計なおしゃべりが怖いのは、いつの間にかそれが一人歩きしてしまうこと。「〇〇さんから聞いたんだけど」という話になったとき、「そんなことは言っていない」と打ち消しても、もはやどうすることもできません。

今はSNSが戯論の舞台となっていますね。

仲間内だけに伝えるつもりで軽くつぶやいたのに、とんでもないところまで広がっていき収拾がつかない。

気軽に書いたつもりが、誤解を与えるようなものだった。

その事実が半永久的に記録されてしまう。

場合によっては、その言葉によって、**周囲の人も自分もひどく傷つく。**

私たち人間の愚かさが凝縮された現象だと思います。

とかく私たちはしゃべりたがりですが、**少し口をつつしむことも心がけたいものです。**「言わなければよかった」は、取り返しがつかないこともありますから。

言わない分、胸に留めておきましょう。考える時間が増えるのはいいものです。

現代人にこそ「不戯論」の大切さを理解してほしいと思います。

我慢は〝させられる〟のではなく、〝する〟ものです

――「我慢」の語源は仏教にあり

緊急事態宣言が発令されている最中に、パチンコ店に行列ができて問題視されました。テレビのインタビューに答えている人の多くが、「来ないほうがいいとわかってはいるけど、開いている店があるから来ちゃうんだ」というようなことを言っていました。

ずいぶん他律的な（他人のせいにした）考え方です。好きなパチンコを自由にできないなんて、「自分は我慢させられている」という思いが強いのかもしれませんね。

一方で、そういう人たちや店を責める「自粛警察」と呼ばれる人も出てきました。彼らもまた、「真面目な自分たちは我慢しているのに、なぜ彼らは我慢しないのか」と感じているのでしょう。

『遺教経』には、こんな一節があります。

「忍《にん》の徳《とく》たること、持戒苦行《じかいくぎょう》も及《およ》ぶこと能《あた》わざるところなり」

我慢すること、耐え忍ぶことは、どんな修行よりも大切だということです。

このときに大事なのは、**我慢はするのであって、させられるものではない**ということ。

「我慢させられている」というスタンスでいる限り、まったく修行にはなりません。

私も、あまり堅苦しい生き方は好きではありませんが、ときには我慢するのも大切だと思っています。

なにか我慢すべき事柄があったら我慢してみる。**人に言われたから我慢するのではなく自分の意思で我慢する。**それができる自分はなかなかいい。

こうして自律的に我慢を楽しめばいいのです。

ちなみに、「我慢」の語源は仏教にあり、もとは「強い自己意識から起きる慢心」という意味です。

そういう「我の慢心」を抑えるのが「我慢」。新しい自分との出会いだと思えば、少し楽しくなりませんか？

いくつになっても真の学びを

——常に考えることの大切さ

昔は勉強と言えば、読み書きや計算だけでなく、四書五経《ししょごきょう》に代表される人生訓も学びました。四書五経は、『論語』『大学』『中庸《ちゅうよう》』『孟子《もうし》』『易経《えききょう》』『書経《しょきょう》』『詩経《しきょう》』『礼記《らいき》』『春秋《しゅんじゅう》』という中国古典を指します。

たとえば、『論語』には孔子の残した有名な一節があります。

子曰（しのたまわく）

吾十有五而志乎学（われじゅうゆうごにしてがくにこころざす）

三十而立（さんじゅうにしてたつ）
四十而不惑（しじゅうにしてまどわず）
五十而知天命（ごじゅうにしててんめいをしる）
六十而耳順（ろくじゅうにしてみみしたがう）
七十而従心所欲、不踰矩（しちじゅうにしてこころのほっするところにしたがって、のりをこえず）

孔子は、すでに四〇歳で戸惑うこともなくなり、六〇歳ともなればなにを聞いても耳に逆らうことなく、素直に聞き取ることができるようになりました。孔子の真似はできなくとも、これを学ぶことで「人生とはそういうものなのだ」という指標は得られたでしょう。

しかし、現代教育は、読み書き計算に加え、暗記中心の教科を増やしていく代わりに、人生にとって大切な教えを省いてしまっているように感じます。

昔の人たちは、子どもの頃から「そもそも、**生きるってどういうことよ**」と考えてきたのに、今はそれがすっぽ抜けているのでしょう。

だから、受験戦争を勝ち抜いて、就職活動も頑張って、一生懸命仕事をして、子育てもして、充実した日々を送ってきたはずなのに、ある年齢になってふと「あれ？」と動揺する。あるいは、人生のどこかで一回挫折してしまうと、生きる意味がわからなくなってしまう。

もしかして自分は、これからどう生きていけばいいのかという基本的なことをわかっていないのではないかと慄《おのの》くわけです。

その気づきは、非常に価値あることだと私は思います。もしかしたら、今は不安でいっぱいかもしれませんが、自分の内面に目がいき始めた証拠です。

心を調える学びは、一生、必要。そして、それは、いくつになって始めてもいいのです。

第四章

禅的生活

生活の中に「禅」を持つ

――掃除など、日常の作務にこそ学びあり

私が修行した静岡県三島市の龍澤寺を開山したのは、白隠《はくいん》さんという偉いお坊さんです。この白隠さんは、『遠羅天釜《おらてがま》』という書物の中に「動中《どうちゅう》の工夫《くふう》は静中《じょうちゅう》に勝《まさ》ること百千億倍《ひゃくせんおくばい》す」という有名な言葉を残しています。

「静かに坐禅を組むこと」以上に、「掃除など日常の作務《さむ》（作業労務）」に大きな学びがあると教えているのです。

龍澤寺は山の中にあったために、樹木の手入れや畑仕事などを含め、とても作務の多い修行道場でしたので、作務叢林《そうりん》と呼ばれたものです。ちなみに叢林とは

禅の修行道場を指します。

そこでは、とても小さな気づきが求められます。

全生庵を建立した山岡鉄舟《やまおかてっしゅう》先生のお師匠さんである滴水《てきすい》和尚は、若い頃に岡山県の曹源寺《そうげんじ》で修行をしていました。

あるとき、お師匠さんの儀山《ぎざん》和尚の風呂の世話をしていて、「熱いから水を足してくれ」と言われます。そこで、新しい水を汲みに行くために、桶の底にちょっと溜まっていた水をそのまま撒きました。すると、「その一滴の水であっても草花にやれば草花も水も生きるのだ」と儀山和尚からひどく叱られます。以来、滴水和尚は一滴の水も疎《おろそ》かにせず、修行に励んだということです。滴水の名前の由来でもあります。

いくら**坐禅だけをしていても、日常の生活に丁寧な心を向けられなければダメ**なのです。

みなさんが「心を調える」ことを考えたときに、心ばかりをいじくり回してもうまくいきません。

「落ち着け」と念じて落ち着くことができたら、誰も苦労はしません。

心というのはやっかいで、自分のものなのに、なかなか自分の言うことを聞いてくれない。無理に命令すれば、かえってぐちゃぐちゃになってしまいかねません。

心を調えるには、まずは体を調えること。

そのために、**日常の些細な事柄を丁寧に扱い、生活の在り方を調えることから始める**といいでしょう。

前章で述べた『遺教経』の教えを念頭に置きながら、この章を読んでもらえるといいと思います。

決めた時間に早起きする

――心と体を安定させる習慣

体を調え、心を調えるための、最も手近な方法は「早起き」でしょう。

もともと私たちには体内時計が備わっていて、それは二四時間ではなく二五時間くらいにセットされていると言われています。だから、意識的に管理しないと、どんどん睡眠時間は後ろにずれて、ひどい夜型になっていくそうです。

だから、**毎日、同じ時間に起きることが大事**。たとえ、リモートワークが常態になっても、あるいは定年退職した人であっても、会社に行っていた頃と同じように起きましょう。

そして、**目覚めたらまず朝の日差しを浴びてください。**それによって、ずれそうになっている体内時計がリセットされます。

さらには、朝日を浴びることで、セロトニンという神経伝達物質が分泌されるそうです。

聞いたところ、セロトニンは「幸せホルモン」と呼ばれ、精神の安定に大きく寄与するとのこと。セロトニンの分泌がうまくいかないと、イライラしたりうつになったりすることが知られています。まさに、心を調えるホルモンです。

また、セロトニンは夜になるとメラトニンという睡眠促進作用があるとされるホルモンに生まれ変わるので、よく眠れるようになるそうです。

つまり、「早起きして朝の日差しを浴びる→セロトニンのおかげで気分スッキリ→気持ちよく過ごせて夜ぐっすり」といういい一日のサイクルが生まれるわけで、僧侶の修行の日々というのが、科学的にも体にいいことがわかりました。

午前中の早い時間帯は電話もかかってこないでしょうし、いろいろな仕事を片づけるのにはもってこいです。

もちろん、早起きをつらく感じることもあるでしょう。前の日にちょっとお酒を飲みすぎたときなど、「今日だけは少し寝坊してもいいんじゃないか」という悪魔の囁《ささや》きが聞こえます。

しかし、それでも少し頑張ってみましょう。**一日「今日だけはいいや」をやってしまうと、なし崩しになってしまう**のが目に見えています。

それに、楽々クリアできるより「ちょっとしんどい」くらいの負荷をかけたほうがいいのです。

楽にできることではなんの気づきもないし、苦しすぎることだと途中で投げ出してしまいます。**「ちょっとしんどいけど続けている」**と、そういう自分に信頼が生まれ、心もどっしり落ち着いていきます。

まさに『遺教経』の八大人覚にある**「精進」**です（100、110ページ参照）。地味なことでも、続けることが大切です。

鏡を見る

——あなたの心も体も、すべて「顔」に表れている

若い頃は、エネルギーに溢れて肌もつやつや。男も女も、若いというだけで爽やかな面構《つらがま》えをしています。

本当は悩みを抱えているにもかかわらず、「なんだか楽しそうだね」などと言われてしまうのが若者の顔です。

でも、年齢を重ねると違ってきます。

二日酔いのときは二日酔いの顔。

寝不足のときは寝不足の顔。

イライラしているときはイライラしている顔。

心配事があるときは心配事がある顔。

このように、悪い影響がもろに顔に表れるようになります。歳をとると、体の状態はもちろん、心の状態も顔に出やすくなるのです。

だから、**毎日の「顔チェック」は必須**。起床後と就寝前に、洗面所で鏡を見る習慣をつけましょう。

朝は眠いですから、だいたいボケたような顔をしているはずです。その顔をしばらく見つめてください。

あなたは、そういう顔の人でいいですか？

夜は疲れていますから、どこかぐったりした顔をしているはずです。その顔をしばらく見つめてください。

明日の朝までその顔を引きずっていいですか？

いずれも、「ちょっとまずい」ですね。そこで、鏡を見ながら「いい顔」をつくってみましょう。それにつれて、自然と心も調っていきます。

日中も、手鏡を持ち歩いてはどうでしょう。名刺サイズくらいの小さなもので充分です。

そして、なにか心が乱れることがあったら、すかさず自分の顔を映しましょう。仕事中でも、そのためにお手洗いに行くのもいいと思います。

おそらく、乱れた心がそのまま顔に出ていることでしょう。あなたは、そういう顔を周囲の人に見せているのです。

そのときは、鏡の中の自分と対話しましょう。「大丈夫、大丈夫、落ち着いて。もっと、いい顔をして」と励ましてあげましょう。

自分の心は自分で調えるしかありません。誰に発破《はっぱ》をかけてもらうよりも、自分からの応援が一番、効きます。

いつでも鏡を見て、その場で心を調えましょう。

自分を客観的に見る「**遠離**」（１００、１０８ページ参照）の心です。

窓を開ける

――光、音、匂いを五感で感じる

朝起きたら、まず窓を開けましょう。そして、新鮮な空気を胸いっぱいに吸い込みましょう。それだけで心が調った一日が始まります。

日中も、意識的に窓を開けてください。とくに、落ち着かない気分のときは窓を開けて一息つきましょう。

吹き込むような大雨でなければ、天気にかかわらず開けてみましょう。

仕事で営業に出るような人にとって、雨は憂鬱《ゆううつ》。「なんだ、雨か」と、朝からネガティブな気持ちになるかもしれません。

でも、雨の音もいいものです。ポツポツと軒先に雨粒が当たる音を聞いていると、心が静かに落ち着きます。

窓を開けると、生き物の声も聞こえてきます。都会にも雀《すずめ》や鳩《はと》、カラスだけでなく、いろいろな鳥が生息していて、それぞれの声で鳴いています。

風も感じてください。

匂いも感じてください。

春の兆しが出てくると沈丁花《じんちょうげ》が香り、ゴールデンウイークの頃は青葉の匂いがします。

夏は蒸し暑い湿気が入り込むでしょう。

それはそれで、あなたを取り巻く世界です。窓を開けて、自分を解放し、そうしたすべてを受け入れましょう。

家の窓を開けることは心の窓を開くこと。外の世界と自分をつなげていく一つのとっかかりとなります。

いわゆる「ゴミ屋敷」の住人たちは、たいていご近所さんとの関係が悪く、自分の殻に閉じこもっていますね。おそらく彼らは自宅の窓を開けません。ものがたくさん詰まっていて物理的に開けられないのか、開けないからものが溜まってしまったのか……。いずれにしても、窓を開けないという行為で、他者を受け入れない姿勢を示すことになっているのだと、私は思います。

昔の家屋は、内側のガラス窓の外に木でできた雨戸があって、寝るときはそれを閉めていました。朝起きて、そのままでは真っ暗ですから、まず内側のガラス窓を開け、次に雨戸を開いて光を入れました。つまり、朝にはガラス窓を開けて空気を入れ換えることを必然的にしていたのです。

今の戸建てには、電動シャッターが雨戸代わりについているお宅が多いようです。部屋の中からスイッチを押せばシャッターは上がりますので、窓は開けずに済んでしまいます。

マンションなら、ガラス窓の内側に吊るしてあるカーテンやブラインドを動かすだけで終わってしまうのがほとんどでしょうか。

このように、現代の便利な生活様式は、どうしても「閉じる」方向に行ってしまうのです。**意識的に窓を開け、自分の心も外に開きましょう。**

人間関係に悩んでいるようなとき、無理に「他者を受け入れよう」「社交的に振る舞おう」とすると、余計につらくなっていきます。

だから、そんなことはしなくていい。**窓を開き、自然の光、音、風、匂いなどを感じて自分を解放してあげましょう。そこから少しずつ、自分の中が変化していくのを感じられると思います。**

「智慧」（１０２、１１８ページ参照）というのは、このようなほんの小さなことでもよく観察することで、身につくものです。そして、窓を開けたときに得られる五感の喜びは、自分自身の内側に喜びを見つける**「知足」**（99、１０５ページ参照）にもつながると思うのです。

お腹から声を出す

――『般若心経』のすすめ

普段から、ぼそぼそしゃべらないで、お腹の底から声を出すようにしてみましょう。

不思議なことに、**お腹から声を出していると心が調います。**自然と腹式呼吸ができているのかもしれません。

腹式呼吸では、**「吸う息」よりも「吐く息」が重視されます。**

私たちは、緊張して心が乱れると息が浅くなり、心拍数が上がります。そこで「深呼吸しなさい」と言われるわけですが、先に息を吸っても思うように酸素は入ってきません。まずは残っている息を吐き切ると、その反動でたくさんの酸素を取り込めます。

結果的に、胸のドキドキも収まっていきます。

だから、心を調えるにも吐く息が大事。

そしてお腹から声を出しましょう。

もちろん、八大人覚の「不戯論」（102、120ページ参照）に教えられるように、無駄なおしゃべりはいけませんが、必要なことはしっかり口に出すという感覚でいるといいでしょう。

私たちお坊さんは、毎日お経を読みます。

私が修行した龍澤寺の師匠は、**「健康の秘訣は、粗食《そしょく》、少食《しょうしょく》、日湯《にっとう》、陀羅尼《だらに》」**とよく言っていました。

日湯というのはお風呂に入ること。つまり清潔を保つことです。陀羅尼は呪文みたいな短いお経で、声を出すことがその目的です。

みなさんが心を調える上でも、読経《どきょう》はおすすめです。

なかでも、『般若心経』は親しみやすいのではないでしょうか。慣れれば五分くらいで読み終えられます。

『般若心経』は、大乗仏教の「空《くう》」の真理について説いています。今、日本で読まれているのは、原典はサンスクリットだったものを、玄奘三蔵法師《げんじょうさんぞうほうし》が漢訳したものです。

六二九年、玄奘三蔵法師は、当時の国禁を犯して中国からインドへ渡り、多くの仏典や仏像を持ち帰ります。

それは大変な苦難の旅で、精神的・肉体的に幾度も危機にさらされます。

しかし、まったく生命体も発見できないような砂漠を歩いているときも、般若心経を読むことで不思議と耐え抜くことができたといいます。

この旅の様子を、物語として書いたのが『西遊記』です。孫悟空《そんごくう》、猪八戒《ちょはっかい》、沙《さ》悟浄《ごじょう》をお供にしたストーリーはもちろんフィクション。本当は、玄奘三蔵法師は筆舌に尽くしがたい苦労をした人物です。その人が、心の支えとした『般若心経』を、お腹から声を出して読んでみましょう。

日常の挨拶も大事です。**お腹から声を出して、しっかり挨拶しましょう。**

一日の始めに、家族に「おはよう」と言いましょう。「毎日顔を合わせているのだから」と手を抜いてはいけません。朝の挨拶もせずに、「飯はまだか」とか「ゴミ出してきて」とか言っていれば、そういう自分本位の雑な一日が始まってしまいます。

「おはようございます」
「行ってきます」
「お帰りなさい」
「いただきます」
「ごちそうさまでした」
「おやすみなさい」

これらを必ず言うようにと、子どもたちに教育しておきながら、自らは放棄してしまっている大人のなんと多いことか。
心を調えるために、挨拶を見直し、今一度、習慣づけましょう。
たとえ一人暮らしであっても、自分に向かって挨拶してみましょう。

摩訶《まか》般若《はんにゃ》波羅《はら》蜜多《みった》心経《しんぎょう》

観自在《かんじざい》菩薩《ぼさつ》　行深《ぎょうじん》般若《はんにゃ》波羅《はら》蜜多《みった》時《じ》　照見《しょうけん》五蘊《ごうん》皆空《かいくう》
度一切《どいっさい》苦厄《くやく》　舎利子《しゃりし》　色不異空《しきふいくう》　空不異色《くうふいしき》　色即是空《しきそくぜくう》
空即是色《くうそくぜしき》　受想行識《じゅそうぎょうしき》亦復如是《やくぶにょぜ》　舎利子《しゃりし》　是諸法空相《ぜしょほうくうそう》
不生不滅《ふしょうふめつ》　不垢不浄《ふくふじょう》　不増不減《ふぞうふげん》　是故空中《ぜこくうちゅう》
無色《むしき》無受想行識《むじゅそうぎょうしき》　無眼耳鼻舌身意《むげんにびぜっしんい》　無色声香味触法《むしきしょうこうみそくほう》
無眼界《むげんかい》　乃至《ないし》無意識界《むいしきかい》　無無明《むむみょう》　亦無無明尽《やくむむみょうじん》
乃至《ないし》無老死《むろうし》　亦無老死尽《やくむろうしじん》　無苦集滅道《むくしゅうめつどう》　無智亦無得《むちやくむとく》
以無所得故《いむしょとくこ》　菩提薩埵《ぼだいさった》　依般若波羅蜜多故《えはんにゃはらみったこ》

心《しん》無《む》罣《けい》礙《げ》　無《む》罣《けい》礙《げ》故《こ》　無《む》有《う》恐《く》怖《ふ》　遠離《おんり》一切《いっさい》顛倒《てんどう》夢想《むそう》
究竟《くきょう》涅槃《ねはん》　三世《さんぜ》諸仏《しょぶつ》　依《え》般若《はんにゃ》波羅《はら》蜜多《みった》故《こ》
得《とく》阿《あ》耨《のく》多《た》羅《ら》三《さん》藐《みゃく》三《さん》菩提《ぼだい》　故《こ》知《ち》般若《はんにゃ》波羅《はら》蜜多《みった》
是《ぜ》大《だい》神《じん》呪《しゅ》　是《ぜ》大《だい》明《みょう》呪《しゅ》　是《ぜ》無《む》上《じょう》呪《しゅ》　是《ぜ》無《む》等等《とうどう》呪《しゅ》
能《のう》除《じょ》一切《いっさい》苦《く》　真実《しんじつ》不《ふ》虚《こ》　故《こ》説《せつ》般若《はんにゃ》波羅《はら》蜜多《みった》呪《しゅ》
即《そく》説《せつ》呪《しゅ》曰《わつ》　羯諦《ぎゃてい》　羯諦《ぎゃてい》　波羅《はら》羯諦《ぎゃてい》　波羅《はら》僧《そう》羯諦《ぎゃてい》
菩《ぼ》提《じ》薩《そ》婆《わ》訶《か》　般若心経《はんにゃしんぎょう》

よく嚙む

――食べることは、すなわち生きること。丁寧に大切に

禅宗の教えに、「麁《そ》餐《さん》は飽《あ》き易《やす》く細嚼《さいしゃく》は飢《う》え難《がた》し」という言葉があります。丸呑みにするような食べ方はすぐにお腹が空くが、よく嚙んで食べれば飢えることがないという意味です。

これは仏法を学ぶ心構えを説いたものですが、単純に食事についてもその通りだと思います。

ガツガツとした早食いを戒《いまし》めているわけですが、おそらく医学的にも間違った指摘ではないでしょう。

早食いすれば、脳の満腹中枢が刺激されることによって「もう、お腹いっぱいになったよ」というサインが出る前に、必要以上の分量を食べてしまいます。また、急激に血糖値が上昇するので、健康も害しやすくなるはずです。

逆に、時間をかけてよく嚙めば、腹八分目の量で「もう、お腹いっぱいになったよ」のサインが得られ、満足できます。

忙しく時間に追われていると、どうしても早食いになりますね。会社のランチタイムには、大盛りの丼物を五分でかき込み仕事に戻るというような食べ方をしていた人もいることでしょう。

「飯をゆっくり食べている時間があったら、その分やらねばならないことがある」というわけです。

しかし、私たちにとって、食事ほど大事なものはありません。**食べるから生きていられるのであって、それを疎《おろそ》かに考えることは、すなわち命を疎かにしているのと同義です。**

これからは、食べることにもっと心を注いでください。

高級食材でなくていいのです。質素な食事でいいのです。大事なのは、丁寧にいただくことです。**季節のものを、時間をかけてじっくり味わっていただきましょう。**それだけで、同じものでも、より美味しく感じるはずです。

柔らかいもの、食べやすいものばかり選ばず、噛みごたえのあるものも積極的に食べましょう。

噛むことは非常に大事で、唾液が出ることで消化も正しく行われるし、脳への刺激にもなります。自分の歯で噛んで食事ができる高齢者は、ボケにくいとも言われますね。

この**「噛む」という行為は、心にも通じます。**

自分の中の思いを、よく噛んでください。

たとえば、誰かと意見が合わなくてイライラした気持ちになったとき。「アイツとは無理だな」などと雑に解釈して丸呑みしないでください。雑な丸呑みは、なんの解決策も生み出さず、余計にイライラ感を募らせる結果となります。

そうではなくて、よく噛んでみましょう。噛んで噛んで噛んでいると、「ああ、そういうことか」と、その正体が見えてきます。それが見えれば、適切な対処法がわかり、自分の心も、相手との関係性も調っていくでしょう。

「(考えなどを）咀嚼《そしゃく》する」という言葉があります。まさに「よく噛む」ことですね。前ページで「心を噛む」ことについて述べましたが、**考えることと噛むことは、結びつくもの**だと思います。噛むことは**「智慧」**（102、118ページ参照）にもつながっていくと考えて、丁寧にしたいものです。

丁寧にお茶をいれる

——禅と茶道

鎌倉時代、日本に臨済宗を伝えた栄西《えいさい》禅師は、中国から茶葉の種を持ち帰り、日本にお茶文化を根付かせた人として知られています。

その著書『喫茶養生記《きっさようじょうき》』では、お茶は薬として扱われ、とくに「胆《たん》」の病気に効くとされています。また、眠気防止にも活用されたようです。現代人はお茶にカフェインが入っていることを知っているので、なるほど納得でしょう。

実際に、私が修行した龍澤寺では、禅堂を出たところの棚に、必ずお茶の葉が置いてありました。連日の厳しい修行と睡眠不足で、どうしても眠くなってしまうのですが、そんなときは茶葉をほんの一つまみ口に放り込みます。そして、奥歯でよく噛みしめ、苦みと渋みを味わい目を覚まし、最後はそのまま食べてしまうのです。

このように体にいいお茶をすすめることは、おもてなしにはもってこい。緑茶や紅茶といった種類の違いはあれど、客人にはお茶を出すという文化が、世界中いたるところに根付いています。

私たち禅の世界には、**「喫茶去《きっさこ》」**という公案《こうあん》（師匠からいただく禅の問題）もあります。「去」は助字でとくに意味はなく、喫茶去とは「お茶でも召し上がれ」といった意味です。

中国・唐代の趙州《じょうしゅう》禅師の言葉として知られています。

趙州は、一人の僧に対し「あなたは、これまでにここに来たことがあるか」と尋ねます。その僧が「あります」と答えると、趙州は「喫茶去」と言いました。

別の僧に同じ質問をすると、「ありません」と答えました。それでも、趙州は「喫茶去」と言いました。

その様子を見ていた和尚《おしょう》が「なぜ、どちらも同じように扱うのか」と聞くと、その和尚に対し、趙州は「喫茶去」と言ったというのです。

謎かけのような公案です。

とかく私たちはなににつけ理由をつけたがりますが、そんなものはほとんどの場合、後付けにすぎません。**お茶をいれるときはそれだけ、飲むときもそれだけのこと**です。

こういうことを知り、客人をもてなすことの意味を咀嚼しながらお茶をいれると、普段とは違った心持ちになることでしょう。

客人に対してはもちろんのこと、自分が一休みするときであっても、お茶は丁寧にいれましょう。

ティーバッグを入れたカップに、ポットの湯を注ぐのでは、あまりにも味気ない。もっと、自分のために時間を費やしましょう。

水をやかんに入れて火にかける。

茶葉を急須《きゅうす》に入れる。

沸騰したお湯を茶碗に注いで温度を落とす。

そのお湯を急須に移す。

急須を揺すらずにしばらく待つ。

こうした、美味しいお茶のための一連の動作が、あなたの心を落ち着かせてくれるでしょう。

日々の生活の中で「お茶をいれる」という所作そのものは、変化していくものではありません。つまり〝経験に合わせて難易度が上がっていく〟というようなものではなく、言ってしまえば、誰にでもできるほど、その手順はシンプルです。お茶をいただくために、私たちは、非常にシンプルなことを毎日繰り返しているわけです。

であれば、毎日お茶をいれるたびに**「不忘念」**（101、113ページ参照）の言葉を思い出してみてはどうでしょうか。初心に戻り、清らかな気持ちで、丁寧にお茶をいれる。そんな習慣が、あなたの毎日を笑顔にしてくれるかもしれません。

目の前にあるものは、半分だけ手に

――現代人は、なんでも「持ちすぎ」ている

緊急事態宣言が発令される前後、買いだめに走る人たちでスーパーマーケットがごった返しました。全生庵がある谷中近辺でも、いつもより大きな荷物を抱えた人がたくさん見受けられました。

お米、パスタ、カップ麺といった保存の利く食品や、毎日の生活に欠かすことのできない洗剤、トイレットペーパーなどの日用品……。普段なら必要な分しか買わないものを、たいていの人が「万が一のため」と用心していつもより多めに買ったようです。

スーパーの棚は、いつもの売れゆきに合わせて商品を並べてあるため、みんなが多めに買うことで、あっという間にスカスカになってしまいました。

人間の心理とはおかしなもので、いつものように商品が並んでいれば安心できるのだけれど、ちょっとしか残っていないと「これを逃したら、もう買えないかも」と、さらに買ってしまうのです。

こういう悪循環に陥ると、買っても買っても安心できません。その日は「うん、これで充分」と満足して帰っても、翌日また品薄な棚を見ると、「やっぱり買っておくか」とまた買い足すということを繰り返します。

自分のことで頭がいっぱいになり、そのせいで「必要なのに買えない人」が生まれてしまうことに思いが至らなくなってしまうのでしょう。

これは日本に限ったことではなく、諸外国でも同様の買い占め騒動が起きました。イタリアの医療従事者が、くたくたに疲れてスーパーに寄ったら、新鮮な野菜や果物が一つも残っておらず、「これで、どうやって健康を保てばいいのか」と涙ながらに訴える動画は、見ていて切なくなりました。

そもそも、**私たちは平時から「持ちすぎ」なのです。**

目の前にいくつかのものがあったとき、「では一つ、私のものにしましょう」というのが平時です。そして、それで満足します。

ところが、不安に駆られ心が乱れてしまうと、「いや、二つ持っておこう」「いやいや、三つ持っておこう」となってしまいます。

しかし、実際には、一つすら必要ないことがほとんどです。

本当は、**平時には「一つの半分だけ持てたら幸せ」くらいに思っているのがちょうどいい**のです。まさに「**少欲**」（99、103ページ参照）の心です。

そういうスタンスでいると、自分の消費量をきちんと把握できるようになりますから、緊急事態に陥っても、「半分で平気」と落ち着いていられます。

これからは、手にするものを半分に減らしてみましょう。それで充分に足りているはずです。

断捨離する

――捨てられない人は、自分の過去にしがみついている

日本の修行道場においては、農作業などの「作務《さむ》」も大事な修行です。でも、スリランカやタイ、ミャンマーのお坊さんは基本的にそうした労働はしません。食事など生活に必要なものは、主に托鉢《たくはつ》によって得ています。原始仏教において生産活動は禁じられていたのです。

なぜ、それをしてはいけないのか。なにかを生産すれば、「それは私のものだ」という所有欲が生まれるからです。

どんなものであれ、持てば「離したくない」という執着《しゅうじゃく》が芽生えます。だから、

心を調えるためには、あまり多くのものは持たないほうがいいのです。

それに、持たなければ、その手入れや保存に心を煩《わずら》わせることもありません。

私たちお坊さんのつるつる頭がその典型です。

シャンプーの必要もない。ドライヤーもいらない。寝癖もつかない。頭髪に関することは一つも考えなくていいので、とても楽です。

それに清潔。コロナウイルスには手洗いが一番でしたね。私の場合、手を洗ったら、そのまま顔も頭もくるりと洗えてしまいます。

ある女性は、地方の一軒家から都心のマンションに引っ越すことになったとき、自分が溜め込んでいたものを捨てるのに苦労しました。

地方にあった一軒家は広くて、収納スペースもいっぱい用意されていた。だから、なんでもそこに突っ込んでおいたけれど、使わないものがほとんどだった。

結局、個人の手に負えず、高いお金を支払って業者に処分してもらったそうです。

たしかに、収納スペースは曲者《くせもの》ですね。最初から置き場がなければ、溜め込むこともできません。なにか持つ気満々だからこそ、人は大きな収納スペースをつくってしまうのです。

子どもが成人して巣立った家では、かつての子ども部屋が収納スペースになっているケースも多いでしょう。「置き場があるから」と、そこにいろいろなものを溜め込んでいませんか？

心を整理するつもりで、一度、断捨離に励むのもいいでしょう。

とくに、定年退職などで一区切りついたときには過去のものは捨ててしまいましょう。

スーツもネクタイも、会社用のものは処分しましょう。接待で行っていたゴルフも、もうやらないならクラブはいりませんね。

そうやって、**「もう戻らない生活」とはさよならしましょう。**

なかには、退職した会社の名刺を捨てずにとっておいて、「昔はここに勤めておりましてね」と、スポーツクラブや趣味の会で知り合った仲間に渡す人もいるそうですが、いかがなものでしょう。

勤め人だったからこそ、その名刺は武器になったかもしれませんが、今はなんの意味も持ちません。連絡先を交換したいなら、スマホを取り出せばいいのです。

リアルな物体も、心の中の執着も、みんな捨ててしまいましょう。

そう、**「少欲」**（99、103ページ参照）です。

掃除をする
――知らないうちに心の状態が出てしまう、玄関とトイレ

お坊さんにとって、掃除は大事な修行の一つです。漫画に出てくる一休さんも、しょっちゅう掃除をしていますね。修行道場で三年間修行して、掃除がちゃんとできるようになれば、それでよいと言われるぐらいです。

掃除は、気づきが必要とされ、いくらやっても「これでいい」という状態には行き着かない奥深い作業です。

たとえば、お寺の廊下を雑巾《ぞうきん》で拭くときに、「一通り拭いたからいいだろう」というのではダメで、角度を変えて目を凝らせば「あ、まだあの隅が汚れてい

る」といったことがわかります。その隅の汚れを取ったから完璧かといったらそうではなく、もっときれいに磨き上げる拭き方があるかもしれません。

このように、回数を重ねるごとに気づきが増え、いろいろなことが見えてくるのが掃除。いわば、心を成長させてくれる作業です。

これまでずっと、家事は奥さん任せだったという男性も、是非、掃除にチャレンジしてみてください。

とくにおすすめなのが、**玄関とトイレ**です。

玄関の「関」の字は関門を意味しています。一軒の家に入るための最初の関門ですね。では、「玄」はなにか。この字は「くろ」と読めます。つまりは、黒く見えるような奥深いところということで、それが転じて一番大事なところを指しています。

玄関は、その家にとって最初の関門であり、一番大事な関門というわけです。

私たちお坊さんは、お盆やお彼岸に檀家のお宅を訪ねます。そのときに、玄関がきれいになっていないと、なんだか落ち着きません。そこに集う人々の心がざわざわとして安定しておらず、仏様と向き合う準備ができていないように思えるのです。

こうした「ざわざわ感」は伝染します。一人がざわざわしていると、周囲もそうなっていきます。

「割れ窓理論」をご存じでしょうか。廃墟のような建物があったときに、一つの窓が割れているのを放置しておくと、ほかの窓も割られていき、どんどん治安が悪くなるというものです。同様に、玄関に誰か一人が靴を乱雑に脱ぎ捨てれば、次の人も乱雑になっていくのです。

禅宗のお寺の玄関には、よく**「看脚下《かんきゃっか》」「照顧脚下《しょうこきゃっか》」**という書が掲げられています。

どちらも、「足下をよく見ろ」という意味です。履き物をきちんと揃えるのはもちろんのこと、ひいては自分自身を振り返れと教えているのです。

自分の履き物をどうしているかは、その人の心をそのまま表しているということです。

亡くなられた曹洞宗《そうとうしゅう》大本山永平寺《えいへいじ》の宮崎奕保《みやざきえきほ》老師は、こんなことをおっしゃっていました。

自分の履き物だけを揃えればいいのではない。ほかに斜めになった履き物があって、それを直そうとしないのならば、斜めのままでいいと思っているということであり、それは自らの心が斜めになっているのだと諭《さと》されています。

普段から玄関をきれいにしておけば、自然と靴も揃えるようになります。それは心が調っていくことにほかなりません。

また、トイレも玄関に負けず劣らず大事です。

年配者の中には、トイレを「ご不浄《ふじょう》」と呼ぶ人がいます。ご不浄とは、文字の上では「汚いところ」という意味ですが、「だからこそきれいにしておくべきところ」という思いが込められた表現です。汚くしているのは自分なのですから、当然のことでしょう。

だから、昔の人はとりわけ熱心にトイレを掃除しました。今のような清潔な水洗式ではないにもかかわらず磨き上げました。**自宅のトイレを汚しておくことな**

ど、**人としてとても恥ずかしいことだった**のだと思います。

今は、いろいろ道具も揃っていて、掃除も格段に楽になりました。みなさんは修行僧ではないのですから、そういう便利なツールをどんどん活用していいでしょう。

玄関もトイレも、よほどの大邸宅でない限り、一畳かそこらのスペースです。丁寧に掃除をしても数分で終わるでしょう。その数分で、心がずいぶん調います。

美しく調える場を持つ

——花を飾る。香を焚く

仏壇がある家ならば、朝はまず仏壇の扉を開け、お水、お線香、お花を供えますね。そして、ご先祖様に手を合わせます。最初は寝ぼけ眼でいても、この一連の作業が終了する頃には、ぴりっと引き締まった気分になるのではありませんか？

こうした朝の儀式は、心を調えるためにとてもいい効果があります。

仏壇がない場合は、それに代わる心を調える場をつくりましょう。**どこか「美しい場」を用意し、毎朝、その手入れをするのです。**

床の間に掛け軸を飾るのでも、壁に一枚の絵を飾るのでもいいでしょう。それを眺め、「美しい」と感じましょう。少しでもほこりがついていたら払いましょう。斜めに歪《ゆが》んでいたら正しましょう。

美しいものに触れながら、その美しさが損なわれることのないように調える。それによって自分の心も調います。

庭の手入れもいいですね。日本風の庭園でも、イギリス風のガーデンでも、生きている草花を相手に、水をやり、剪定《せんてい》をしましょう。

あるいは、花瓶《かびん》に一輪の花を生けるだけでも結構です。毎日、花瓶の水を替えて、花の変化を見つめてください。

花は、咲き誇るだけでなく、やがて枯れていきます。その自然の姿に接し、**枯れた花は取り替えていくという作業もまた美**なのです。

お香を焚《た》いてもいいでしょう。そのためのスペースを用意し、毎日きれいに拭き清めてから焚いてください。

専門店やセレクトショップで売られているような特別なお香ではなく、お墓参りに使う普通のお線香でもいいのです。清らかな香りでその空間を調え、心を調えましょう。

お線香も、しばらくすると灰になります。その**灰を片づけて、また新たな一つに火をつけていくという一連の作業の中に美を見いだしてください。**

狭いワンルームで暮らしていても、そうした美の空間を持つことは可能です。逆に、大きなお屋敷に住んでいて、高価な美術品も有しているのに、手入れの行き届かないケースもあるでしょう。

本当の幸せは、お金ではどうにもなりません。自分の心がつくるのです。調った心がつくるのです。

自分の心のために、美を堪能しましょう。ただ、**目や鼻で美を楽しむだけでなく、そのための作業を自分でやることが大事**です。

「知足」（99、105ページ参照）の喜びは、こんなところでも感じられるものです。

寝る前に一日を振り返る

――寝る前にスッキリしないと、翌日も引きずることに

私の父のお師匠さんであった、龍澤寺の山本玄峰《げんぽう》老師は、寝る前のひとときに一日を振り返ることをとても大事になさっていたそうです。

私も、その教えに従い、心を調えてから眠りにつくようにしています。

人間はどうしても感情に左右される生き物です。**意識的に振り返りを行わないと、間違った一日の終え方をしてしまいます。**

「なんで、あんなことを言われなければならないんだ」

「なんで、あんなことをやってしまったんだろう」

本当はいい一日であったはずなのに、周囲や自分の言動について、不快な場面ばかりが頭をよぎり、なかなか寝付けない……。

こういう状態でいれば、その日が残念な一日に終わるだけでなく、翌朝も残念な一日の続きを始めてしまいます。

私たちの一日一日はつながっていて、明日という日が突然に現れるわけではありません。**昨日の続きに今日があり、今日の続きに明日があります。**

であるならば、どこかで定期的に振り返りを行い、ネガティブな方向に引っ張られている気持ちを調えてあげねばなりません。

今日はなにをしたのか。

どんなことがあったのか。

そのときに、どんな気持ちになったのか。

それらについて、**一日の終わりの静かな時間に客観的に心の整理をしましょう。**

ネガティブな気持ちになる出来事があったなら、その原因を、できるだけ感情を排除して見つめてみましょう。

もちろん、自省《じせい》は必要です。失敗や間違いについて蓋《ふた》をしてはいけません。ただ、それを悔いるのではなく整理するのです。きちんと整理すれば、同じことを繰り返さずに済む方法もわかり、自《おの》ずと心が調います。

この作業は、日記をつける形で行ってもいいでしょう。ただ、日記を書くときにはちょっと注意が必要です。

日記は基本的に本人しか読まないものですから、正直な気持ちをぶつけられます。そこで感情の赴《おもむ》くままに書き殴っていけば、よけいに心も乱れます。

今日はなにをしたのか。

どんなことがあったのか。

そのときに、どんな気持ちになったのか。

このポイントに沿って整理しながら書いていくと、その一日がそう悪いものではなかったと気づくでしょう。

そういう気持ちで一日を終えることはとても大切です。

体の声を聞いて無理なく動く

――「歩くだけ」で、いいことがいっぱい

世の中には、体を動かすのが好きな人とそうでない人がいます。それでも、若い頃はみんな日常生活に不便がないくらいには動けます。ところが、六〇代くらいから個人差がだんだん大きくなります。

定年退職したのを機に山登りを始めるような人がいる一方で、すっかり出不精になってしまう人もいます。

できれば前者でいたいですが、そのためには筋肉の維持が必要です。なにもしないでいると、筋肉量は二〇代をピークに減り始め、五〇代からその減少度合い

が激しくなるそうです。つまり、五〇歳を越えたら意識的に体を動かさないと、筋肉は衰えるばかりということになります。

私自身、そういう年代ですが、かといって無理もしたくありません。「ちょっとしんどい」くらいで留めておきたいと思っています。

私は、もっぱら近所を歩いています。少し早足で歩くと、結構いい運動になるのです。

また、これまで通ったことがなかった路地を歩いたりすることで、違う風景が見えたりといろいろ発見もあります。

散歩は、**思考の活性化にも効果がある**と感じています。ソクラテスは「歩きながら考えた」と言われているように、歩いているときに、いい問題解決策を思いつくことは確かなようです。血流がよくなって、脳に酸素が行きわたるのかもしれません。

医学的なことはわかりませんが、私は、**運動はちょっとしんどいくらいがちょうどいい**と思っています。ちょうどいいことをやるためには、体の声を聞かねばなりません。体が限界を訴えているのに「まだまだできる」と無理をすれば、ケガにつながります。ケガをすれば、それをきっかけに運動から遠ざかってしまい、本末転倒になってしまいます。

「よく噛む」の項でも書きましたが、食事はやはり大切です。食事については、さらに体の声に耳を澄ませる必要があります。

食べることは喜びである一方で、食と健康に関する玉石混淆《ぎょくせきこんこう》の情報が溢れています。そのため、偏った食事をしている人が多いのです。

私は基本的に、人間は食べたいものを食べたいときに食べれば充分だと考えています。しかし、そこには「体の声が聞こえていれば」という注意書きがつきます。

体重がどんどん増えていくのは、体が必要とする以上に食べているからです。つまり、体の声が聞こえていないのです。

食品加工技術が進んだ現代社会は、脳に「美味しい」と感じさせる食べ物に満ちています。そして、もっと食べたいと思わせるような宣伝があちこちでなされています。

それによって、人々の心は乱れ、体の声が聞こえなくなってしまいます。

普段から、季節のものをよく噛んでゆっくり味わう習慣をつければ、「本当に今これを食べたいのか」がわかるようになってくるはずです。

五〇歳を過ぎたなら、体の声に耳を傾け、丁寧にメンテナンスしながら、自分の心と体を本来の位置に戻していきましょう。

体の声を聞く、というのは、実は**「智慧」**（102、118ページ参照）を得るための基本です。

手書きの手紙を出す

――下手でも丁寧に。想像以上に、心が休まる

はじめてパソコンのキーボードに触れたとき、文字配列がなかなか覚えられなくて、短い一文を書くのにとても長い時間がかかりました。

「こんなもので文章を書いていたら日が暮れちゃう」と思ったものですが、今ではすっかり慣れて手書きよりも速くなりました。

一方で、最初からスマホがあった若い世代は、パソコンがなくてもいろいろ事足りたために、かえってキーボード操作が苦手だそうですね。結構長い文章もスマホで書いてしまうというから、私なんかにとっては驚きです。

いずれにしても、現代人にとって、手書きの文章を必要とする場面は激減しました。

もともと、文字はそれを使う人々が共通して認識できる「記号」にすぎません。だから、キーボードで打ったものでも内容は伝わります。内容は伝わりますが、心が伝わるかというと別の話になってきます。こんなことを言っていると「古い！」と言われてしまいそうですが。

市販のマフラーと手編みのマフラーでは、そこに込められた思いは違いますね。だから、ラブレターをワープロで打つような間抜けな人はいなかったのですが、今は愛の告白もＬＩＮＥで行われる時代です。

さて、そういう時代に「手書きのラブレターを出してみろ」などと言うつもりはありません。ただ、**お礼状や季節の挨拶文は手書きの手紙で送る**ことをすすめます。面倒なようでいて、案外、**心休まる時間が持てる**からです。

文字は下手でもいいのです。

丁寧に書いてください。

禅宗では「文字はその人を表す」と考えられ、「だから練習せずにそのまま書け」と言う人もいるくらいです。**下手であっても丁寧に書けば、あなたの心は相手に伝わります。**

丁寧に文字を書く習慣を身につけたいなら、写経に挑戦してみるのもいいでしょう。薄く印刷されたお経の文字を上からなぞっていくものもあって、初心者でもすぐできますし、筆やすずりなどとのセットも市販されていて、ネットでも簡単に入手できます。

全生庵では『般若心経』の写経会を開いていますが、丁寧に書いたかそうでないかは後から見ればすぐにわかります。同じ人であっても、その日によって出来上がりに違いが出ます。あるいは同じ日に書いた中でも差が出てきます。

やはり、文字というのは、そのときの心の状態を強く反映するようです。

相手の顔を思い浮かべながら、一文字一文字丁寧に手紙を書いてみると、自ずと心は落ち着いていきます。

便箋《びんせん》に書くほど長い文章が思いつかなければ、葉書でもＯＫです。

切手も、日頃からきれいな記念切手を用意しておきましょう。

実は、過去に私は、使っている切手について、ある人から注意を受けたことがあります。

全生庵の大切な行事に関する案内状を送る際に普通の切手を貼って出したら、「こんな切手じゃダメだよ」と言われたのです。

それ以来、少しでも受け取った人たちに喜んでもらえるよう、記念切手などを探しては使うようにしています。

そうした一手間が、つい忙《せわ》しなくなりがちな心を調えてくれます。

「遠離」（100、108ページ参照）の言葉を思い出し、心を乱すような騒がしいところから距離をとり、静かな気持ちで筆を取ってみてください。

思いのまま言葉が出てしまって、その言葉によって自分や周りを傷つけてしまうことがある人にとっては、手紙を書くという行為で、**「不戯論」**（102、120ページ参照）の実践です。

言葉を大切に使う

――お釈迦様が、〝文章、文字〟を残していない理由

禅宗の基本的立場は「不立文字《ふりゅうもんじ》」です。

不立文字は、

「悟りの境地は修行を積んで自ら体得し、心から心へ伝えるものであって、文字によってなされるのではない」

ということを示しています。

だから、お釈迦様は文章を残していません。その教えが文字としてまとめられたのは、お釈迦様が亡くなって、ずいぶん経ってからのことです。

最初は「結集《けつじゅう》」といって、弟子たちが集まって、亡くなったお釈迦様の説法の内容を確認し合う会議が行われ、それぞれが暗記・伝承する方法がとられました。いわゆる口伝《くでん》です。

ただ、どうしても口伝では正確さに欠けるので、しかたなく文字にしたのだと伝えられています。そのくらい、弟子たちも、教えを文字にすることに抵抗があったのです。

お釈迦様の教えは心そのままであり、限りない広がりを持つものであるから、文字にして意味が限定されてしまうことを嫌ったのでしょう。

お釈迦様は、相手の能力や資質に合わせ、よりわかりやすいように教えを説きました。同じ内容であっても、そのとき、その相手によって言い方を変えました。「対機説法《たいきせっぽう》」というやり方です。

ところが、文章にするとそうはいきません。それを読んだ後世の人たちは、書かれている通りにしか理解しない。そのことを弟子たちは危惧《きぐ》したのだと思われます。

キリスト教も同様で、イエス・キリストは自分で文章を残していません。その教えは「福音書《ふくいんしょ》」という形で伝えられています。

もっとも、禅宗では、文字や言葉を排斥《はいせき》しているわけではありません。「もっと大切に使いなさい」と言っているのです。

前にも述べましたが、私たち禅僧が修行道場に行くと、お師匠さんから「公《こう》案《あん》」という問題をいただきます。それは1＋1＝2のような答えは出ない難しい問いで、いわゆる「禅問答」と呼ばれるものです。

どれほど難しくても自分なりに工夫し、答えを出さなくてはなりません。

このとき、**余計な言葉を使うと厳しく指導されます。**お師匠さんは、一言一句聞き逃すことなく、徹底的に指導されます。

最初はひどく戸惑いましたが、繰り返し叱られているうちに、「てにをは」のひとつひとつに心を配っていくことの大切さに気づかされていきます。

誰でも若い頃は、恥ずかしい失敗ばかりして、その言い訳のために浮ついた言葉をたくさん使ってきたはずです。

でも、**ある程度の年齢になったら、安くて軽い言葉は手放しましょう。**心を落ち着かせ、一語一語を大切に口にしましょう。

まさに**「不戯論」**（102、120ページ参照）の教えです。言葉を大切に使うことです。

ただ坐れ

――坐禅のすすめ

二〇一九年に、一〇一歳で亡くなられた中曽根康弘《なかそねやすひろ》元首相は生前、たびたび、全生庵に坐禅を組みにいらっしゃいました。

あるとき私は、「なぜ、坐禅を始められたのですか」とうかがったことがあります。すると、こんな答えをくださいました。

東京帝国大学法学部の学生だったとき、日本は日中戦争、そして第二次世界大戦に突入。明日、死ぬかもわからない状況にあって「自分はなんのために生まれてきたのだろう。なんのために生きているのだろう」と考えたときに、「もう坐るしかなかった」と。

心配事や悩みを抱えていると、人の心は落ち着きません。そういうときに、普通の人はどうするかというと、そわそわ動き回ります。じっとしてはいられないのです。

だから、そういうときこそ「坐る」。

心が調わないときは、とにかく坐ってみてください。禅は「まあ、まず黙って坐れ」というところから始まります。

いちいち意味など考える必要はありません。

きちんと坐れないと尻込みすることもありません。

まあ、まず黙って坐りましょう。

最初に、お尻の下に入れる丸くて厚みのある「坐蒲《ざふ》」という敷物を用意します。座布団を二つ折りにしたもので代用しても結構です。

そこにお尻を置いて、足を「結跏趺坐《けっかふざ》」という形に組みます。胡座《あぐら》をかいた状態から、右足を左の太ももの上に乗せ、次いで、左足を右の太ももの上に乗せます。

ただ、体が硬い人は、なかなか結跏趺坐が組めないと思います。そのときは、左右どちらかの足を太ももの上に乗せる「半跏趺坐《はんかふざ》」から始めてください。足を組んだら背筋を伸ばします。坐蒲がお尻の下にあることで、背筋が伸ばしやすくなるはずです。

おへそのあたりをクッと立て、胸を軽く開くようにすると姿勢が調います。頭が下がったり、猫背になったりしないように注意しましょう。腰が後ろに引けてしまうのも「腰抜け」というダメな姿勢です。

姿勢が調ったら、最後に手を組みます。右の掌《てのひら》を上に向けて下腹あたりに置き、そこに左の掌を、やはり上向きに重ねます。そして、両方の親指を軽くつけ卵形の空間ができるようにします。この手の形を「法界定印《ほっかいじょういん》（禅定印）」と言います。

法界定印の意味は「静かに慮《おもんぱか》る」。まさに禅の心です。

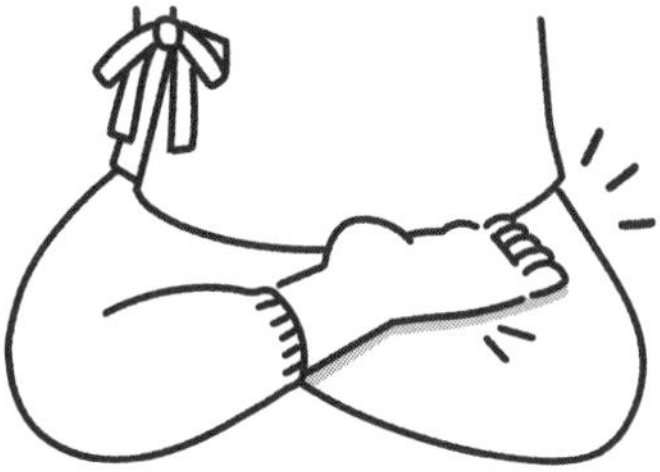

半跏趺坐《はんかふざ》。左右どちらかの足を太もものに上に乗せます。結跏趺坐ができない人はこちらで。

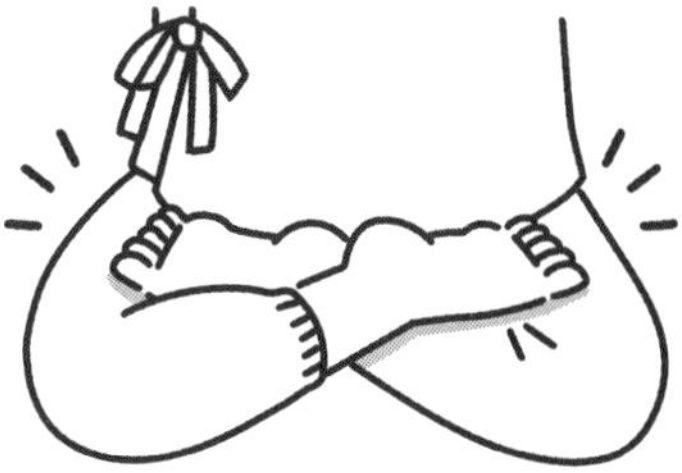

結跏趺坐《けっかふざ》。胡座をかいた状態から、左右どちらかの足を反対側の足の太ももの付け根に、次に、もう一方の足を反対側の太ももの上に乗せます。

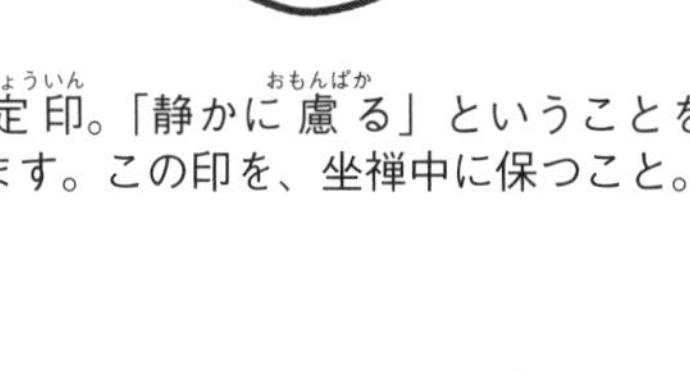

法界定印《ほっかいじょういん》。「静かに慮《おもんぱか》る」ということを表しています。この印を、坐禅中に保つこと。

坐禅では「坐蒲《ざふ》」という厚めの敷物を敷きます。普通の座布団を二つ折りにして使っても大丈夫です。

頭のてっぺんを天井から吊るされているようなイメージで、おへそのあたりをクッと立てるようにします。

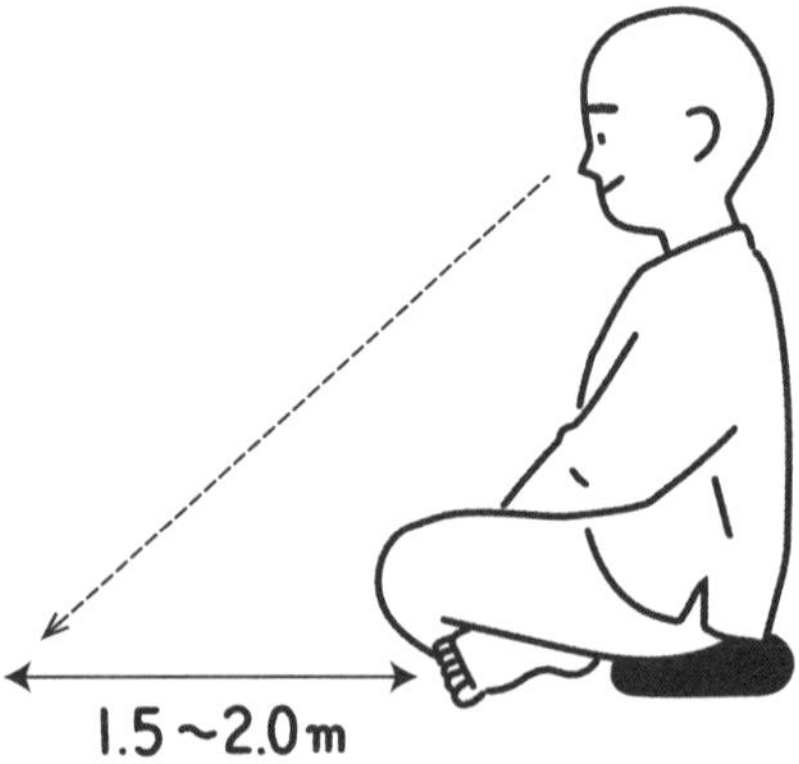

目線は 1.5 ～ 2 メートル前方に。
目は閉じないこと。「半眼《はんがん》」で。

椅子坐禅の場合は、できるだけ固い椅子を選び、浅く腰かけるようにします。

椅子でも、頭のてっぺんを天井から吊るされているようなイメージで、おへそのあたりをクッと立てるようにします。

坐禅は、調身《ちょうしん》、調息《ちょうそく》、調心《ちょうしん》を目指すもの。つまり、姿勢を調え、呼吸を調え、心を調えるものです。

姿勢は、先に説明した組み方によって調えます。

呼吸と心は、「数息観《すそくかん》」で調えます。数息観は、吐く息を意識して、息を数えていく呼吸法です。

おへその少し下、丹田のあたりを意識しながら、細く長く鼻から息を吐き、心の中で一から一〇まで数えます。

吐きながら「一つ」。吐くことに意識を集中していれば、自然と吸う息は入ってきます。

次にまた吐きながら、「二つ」。こうして、「三つ」「四つ」と重ねていき、「一〇」までいったら、また「一つ」から始めます。

こう書くと単純ですが、やってみると簡単ではありません。でも、この呼吸法を繰り返していくと、心と呼吸が一つになっていきます。

そして、自然に心が調っていくのです。

つまり、姿勢と呼吸は意識的に調え、それに連れて心が調っていくのが坐禅です。ただ、目を閉じてしまうと、かえって雑念が生じて心が乱れます。目を閉じることで自分の世界に入り込み、あれやこれやと様々なことが浮かんでくるのです。そこで、「半眼《はんがん》」という「見るとはなしに見る」状態にしておきます。目を完全につむってはいけません。半分くらい目を閉じて、自分の1・5~2メートルくらい前の床を見るのを半眼と言います。

こうした坐禅を一日に五分でいいから取り入れてみましょう。脚が悪い人は椅子に坐ったままでも構いません。そのときは、椅子には浅めに坐り、背筋をきちんと伸ばすことを意識してください。

坐禅に通うことができればそれがいいですが、通えなくてもいいですし、無理な姿勢をすることもありません。要は、坐禅が目指すところを理解できればいいのです。

おわりに

「老い」も「死」も、すべての人に平等に訪れる当たり前のものです。

にもかかわらず、誰もがそれに対して不安や怖れを抱きます。

しかし、**生きるとは、日々繰り返される些《さ》末《まつ》なことに、丁寧に心を尽くしていくこと**でしかありません。しかもその繰り返される日常は、常に変化している世界の中にあるものであり、**確かなものや、変わらないものなどない**のです。

であれば、いたずらに〝今にしがみつく〟ことは、かえって自分を生きにくくしていることです。

と同時に、それは、「老い」や「死」について、ますます不安や恐怖を呼び起こすものになるということです。

いろんなものを手放し、自由になってみてください。

多くの方が、「老い」に対して恐怖を感じているかもしれませんが、「老いる」とは、「歳を重ねること」。丁寧に考え、丁寧に学び、丁寧に生活していれば、若いときに比べて、智慧は次第に深まっていくでしょう。また、体力が落ちれば、その分〝心に時間を使うこと〟ができるようになるのですから、心を豊かにすることもできます。

仏教は「死について考える教えだ」とも言えます。老いや死に不安を感じる方に多く出会うようになり、私はまだ五十代ですが、私が伝えられる禅の教えがあると思い、筆を取りました。

以前、『花のように、生きる。——美しく咲き、香り、実るための禅の教え』という本を出しました。

禅では、人生を花にたとえるのですが、咲くこと、香ることと同じように、散ることも大切なことと考えています。

すべては自然なことであり、あるがままです。「老い」や「死」についても、そんな受け入れ方ができるようになればいいと思っています。

最後に、今回も幻冬舎の見城社長のおかげで本書の刊行ができました。そして、編集の袖山さん、ライターの中村さん、デザイナーの長坂さん、イラストレーターのうてのてのさんに、ご尽力いただきました。

なによりも、本書を手に取ってくださったみなさまに心より感謝いたします。

みなさまの毎日が、穏やかで安らかで豊かなものになりますように。

二〇二〇年夏

全生庵にて　平井正修

平井正修
（ひらい・しょうしゅう）


臨済宗国泰寺派全生庵住職。

学習院大学法学部政治学科卒業。

一九九〇年静岡県三島市龍澤寺専門道場入山。

二〇〇一年同道場下山。

二〇〇二年より中曽根元首相や安倍首相などが参禅する全生庵の第七世住職に就任。

二〇一六年より日本大学危機管理学部客員教授。

全生庵にて坐禅会、写経会を開催。

著書に、『心がみるみる晴れる　坐禅のすすめ』『花のように、生きる。――美しく咲き、香り、実るための禅の教え』『「見えないもの」を大切に生きる。――生活と心を調える禅的思考のすすめ』『山岡鉄舟修養訓』『忘れる力』『禅がすすめる力の抜き方』などがある。

老いて、自由になる。

智慧と安らぎを生む「禅」のある生活

二〇二〇年九月一〇日　第一刷発行

著者　平井正修
発行人　見城徹
編集人　菊地朱雅子
編集者　袖山満一子
発行所　株式会社　幻冬舎
〒一五一-〇〇五一
東京都渋谷区千駄ヶ谷四-九-七
電話　〇三-五四一一-六二一一［編集］
〇三-五四一一-六二二二［営業］
振替　〇〇一二〇-八-七六七六四三

印刷・製本所　中央精版印刷株式会社

検印廃止

万一、落丁乱丁のある場合は送料小社負担でお取替致します。小社宛にお送り下さい。
本書の一部あるいは全部を無断で複写複製することは、法律で認められた場合を除き、
著作権の侵害となります。定価はカバーに表示してあります。
©SHOSHU HIRAI, GENTOSHA 2020　Printed in Japan
ISBN978-4-344-03652-9　C0095
幻冬舎ホームページアドレス https://www.gentosha.co.jp/
この本に関するご意見・ご感想をメールでお寄せいただく場合は、comment@gentosha.co.jpまで。